中公新書　2318

君塚直隆著

物語　イギリスの歴史（上）

古代ブリテン島からエリザベス1世まで

中央公論新社刊

はじめに

イングレスから大英帝国へ

現代の日本人にとって、「イギリス」という国はどのようなイメージで受け止められてきたのであろうか。そもそもこの「イギリス」という国名は、いつどのようにして付けられたのか。

日本に「近代ヨーロッパ文明」を初めて伝えたのは、一六世紀半ばのポルトガルの商人や宣教師たちであった。鉄砲や葡萄《ぶどう》酒に混じって、織田信長《おだのぶなが》や豊臣秀吉《とよとみひでよし》が特に関心を示したのが、当時最新の技術で作られた地球儀や世界地図であった。彼らは、日本がユーラシア大陸の東端にあるちっぽけな島であることを知って愕然《がくぜん》とした。それと同時に、同じくユーラシア大陸の反対側（西端）にも、同じようにちっぽけな島があることにも気づいたはずである。これはなにか？　ポルトガル人たちはこう答えた。「イングレスです」。

信長が桶狭間《おけはざま》で今川義元《いまがわよしもと》を打ち破る二年前（一五五八年）、「イングレス」では、その信長より一歳年上のエリザベス1世が弱冠二五歳で王座に就いていた。彼女が治める島国は大国スペインやフランス、すぐ北のスコットランド王国などに挟まれ、戦々恐々としながら自国の独立を守るだけで精一杯だったのである。それはアルマダの戦い（一五八八年）でスペイン無敵艦隊を撃破しても変わりがなかった。その二年後に天下を統一した秀吉にとって、はるか彼方のヨーロッパで自らのお手本にしたかったのは、日本のすぐ南にある「呂宋《ルソン》」にまで帝国を築く、フェリーペ2世（彼の名前から「フィリピン〈フェリーペの島々〉」という地名が付けられた）のスペインにほかならなかった。

さらにエリザベス1世が亡くなり、ステュアート王朝が成立した年（一六〇三年）に、徳《とく》川家康《がわいえやす》は江戸に幕府を開いた。秀吉の時代から始まっていた「キリシタン禁令」は、徳川時代になってからも継承され、長崎の平戸《ひらど》に造られた出島《でじま》に出入りを許されたヨーロッパで唯一の国は、スペインから独立し、一七世紀に世界規模の商業大国となっていたオランダであった。江戸時代の「洋学（西洋の学問）」はオランダ語を経由して形成されていったが、そのオランダ語で「イングレス」は「エンゲルス」もしくは「エンゲルシュ」といった。いつしかこれが日本語になまって「エゲレス」となった。

徳川時代（一六〇三～一八六七年）の前半期、歴代の将軍たちにとっても「エゲレス」はまだまだちっぽけな島国にすぎなかった。それが、五代将軍綱吉《つなよし》の時代から始まった、俗に「長い一八世紀（一六八八～一八一五年）」と呼ばれるヨーロッパ全体を巻き込んだ大戦争の世紀を経て、一一代将軍家斉《いえなり》の時代（一九世紀前半）までには、「エゲレス」はヨーロッパでナポレオンのフランスを打ち破っただけではなく、西インド（カリブ海）、北アメリカ、オセアニア、インド、南アフリカなどに広大な領土を有する、世界帝国へと変貌《へんぼう》を遂げていたのである。

次の一二代家慶《いえよし》が父から将軍職を譲られた年（一八三七年）の六月に、一八歳で女王に即位したヴィクトリアの時代（一八三七～一九〇一年）になると、「大英帝国《ブリティッシュ・エンパイア》」と呼ばれることになった「エゲレス」は日本の隣の清国《しん》にまで兵を投入し、アヘン戦争（一八四〇～四二年）で清を屈服させてしまった。さらに、アメリカのペリーが日本に来航（一八五三～五四年）した後には、他の列強とともに日本に「開国」を迫り、一八五八（安政《あんせい》五）年には日英修好通商条約が結ばれた。両国は本格的に通商に乗り出すと同時に、いまや「イギリス（中国語の当て字から「英吉利」と漢字で書かれることになり、それが「英国」という言葉につながった）」と呼ばれるようになっていたこの国から、多くの人々が日本を訪れるようになったのである。

この幕末の時代、のちに近代日本を形成していく福澤諭吉《ふくざわゆきち》や伊藤博文《いとうひろぶみ》は、ヴィクトリア時代のロンドンに渡り、世界最先進の技術や文化に圧倒された。もはやそれは、中世の日本人にとっての「ちっぽけなイングレス」ではなく、「世界に冠たる大英帝国」として、近代化をめざす日本がまず第一にお手本にすべき超大国であった。

さらに日本が近代化を推し進め、日清戦争（一八九四～九五年）や日露戦争（一九〇四～〇五年）で勝利を収める頃までには、日英同盟（一九〇二年）により、「イギリス」はパートナーとなっていた。しかし、ヨーロッパが自分で自分の首を絞めた戦争とも言うべき第一次世界大戦（一九一四～一八年）を経て、「イギリス」の力が相対的に弱まっていくと、東アジアで勢力を拡張していた日本との衝突も増えていった。それは一九四一年の日英開戦（一二月）につながった。この戦いでは、最終的に「イギリス」が勝利を収め、日本は敗北した。しかし勝利の後の「イギリス」はもはやかつての「大英帝国」ではなかった。インドをはじめ、アジア・アフリカの植民地が次々と独立を果たし、「イギリス」は再びヨーロッパ西端の島国として、戦後の日本人に認識されるようになったのである。

このように、一六世紀から二一世紀に至る五〇〇年の間の日本人にとって、「イギリス」とはそれぞれの時代でまったく異なるイメージを抱かれる国である。

キーワードは「王権と議会」

しかし、そもそも「イギリス」の語源である「イングレス」にしろ、「エンゲルス」にしろ、いずれもどこからきた言葉なのか。お気づきのとおり「イングランド」である。それでは「イギリス＝イングランド」なのか。たしかに、この国があるグレート・ブリテン島の大半を占めているのは今日「イングランド」と呼ばれている地域であるが、さらにその「イングランド（アングル族の土地）」の語源となった「アングロ・サクソン」とは異なる民族が長年にわたって生活を営み続け、アングロ・サクソンから追い払われて、ブリテン島の北辺（スコットランド）、西端（ウェールズ、コーンウォール）、そして隣島（アイルランド）に独自の文化を築き、今日に至っている。

また、かつては世界の陸地面積の四分の一を支配した「大英帝国《エンパイア》」は消滅したものの、第二次世界大戦を経た後も、かつて「イギリス」の統治下にあった自治領（カナダ、オーストラリア、ニュージーランドなど）や植民地は、「旧英連邦諸国《コモンウェルス》」というかたちで強い絆《きずな》で結びつけられているばかりではなく、エリザベス2世は「グレート・ブリテン及び北アイルランド連合王国」の女王であるとともに、カナダ、オーストラリア、ニュージーランド、ジャマイカ、そして地球温暖化によって近い将来海底に沈んでしまうのではないかと懸念される、南太平洋のツバルの女王でもあるのだ。

二一世紀初頭の今日においても、日本人にとっては「イギリス」という、諸民族からなる連合王国にして、世界各国とつながるネットワークの中心に位置するこの国は、相変わらず複雑な諸相を抱えた不思議な国なのかもしれない。

本書は、そのような「イギリス」の歴史を紐解《ひもと》いていく「物語」である。しかし新書というサイズの本で、紀元前八世紀頃から二一世紀に至る三〇〇〇年に近い歴史を、すべての分野について事細かに詳述していくことはできない。われわれ日本人にとって、この国は史上最初の産業革命を生み出した経済大国であり、シェイクスピアや「シャーロック・ホームズ」の文学の国であり、パブやガーデニングやフットボール（サッカー）など現代の日本人にも馴染《なじ》みの深い文化の国でもある。そのすべてに言及することは不可能である。

殊《こと》に近年では、イングランド中心史観を修正する意味からも、「ブリテン諸島」という概念からこの国を捉《とら》え直す傾向が強く、著者も監訳に携わっている「オックスフォード　ブリテン諸島の歴史シリーズ（全一一巻）」（慶應義塾大学出版会）などはその好例である。

それでは、本書ではどのような視点からこの国を見つめていくのか。

ここで著者の力強い味方となってくれるのが、第二次世界大戦でこの国を勝利に導いた政治家ウィンストン・チャーチルである。チャーチルは、ヨーロッパでの大戦が終結した直後の一九四五年五月に次のように演説している。

われわれには世界最強の議会があります。われわれには世界最古にして最も有名であり、最も安定し、最も頑強な君主政が備わっているのです。この国王と議会こそが、普通選挙制に基づく自由で公正な選挙によって、人民がその意思を表明するのを保障してくれているのであります。それゆえ、戦時であれ平時であれ、この二つは協調し合いながら機能してきたのであります。

チャーチルのこの言葉は、議会政治家として半世紀に近い経歴を誇る自画自賛的な側面も強いかもしれない。だが、イギリスの特質を考える上で蓋《けだ》し名言といえよう。本書でもこの「王権と議会」をキーワードに物語を展開していきたい。

この国では中世以来、国王（女王）と議会との話し合いによって、その時々の政治はもとより、経済や宗教に関わる政策もすべて決められてきた。一六世紀前半にカトリックと袂《たもと》を分かちイングランド国教会を形成したのも、「長い一八世紀」にフランスとの壮絶な戦いに勝利を収めたのも、二一世紀初頭に貴族文化の象徴であった「狐《きつね》狩《が》り」を動物虐待にあたるとして禁止したのも、「議会」という政治的な装置が機能しなくては実現し得なかったといえよう。そのような慣習や制度はいつ頃からイギリスに定着したのであろうか。

こうした問題を中核に据えて、「ノルマン征服《コンクェスト》（一〇六六年）」から現代に至るまでのおよそ一〇〇〇年の政治史を中心に話を進めていきたい。

また本書では、一七〇七年五月一日にイングランドとスコットランドが「合邦」し、「グレート・ブリテン連合王国」を形成して以降のこの国を「イギリス」と呼ぶことにする。それ以前は、イングランドとスコットランドは異なる王国であるので、区別して論じていきたい。

それでは、いまから八〇万年ほど前の西ヨーロッパへと話を転じ、「イギリス」の成り立ちから物語を始めていくことにしよう。

目次

物語　イギリスの歴史　上

はじめに　i

第6章　テューダー王朝と近代の夜明け――国家疲弊下の宗教対立　181

物語　イギリスの歴史　下　目次

イギリス全図

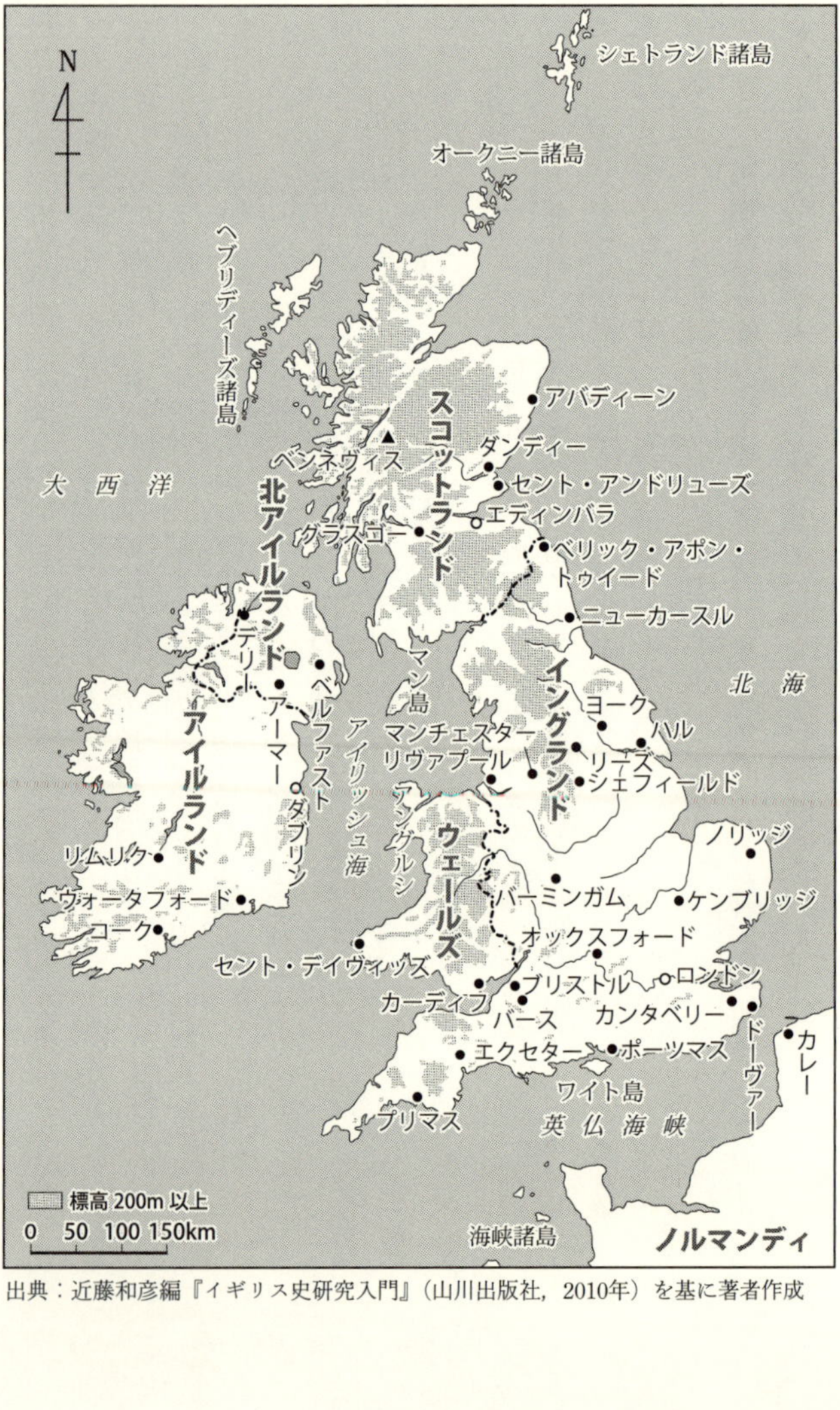

出典：近藤和彦編『イギリス史研究入門』（山川出版社，2010年）を基に著者作成

物語　イギリスの歴史　上

第1章　古代のブリテン島——先史時代〜11世紀

石器時代から青銅器時代へ

二一世紀の現在、「グレート・ブリテン及び北アイルランド連合王国」と呼ばれている、面積が二四万三〇〇〇平方キロ（日本の三分の二）、人口が六三〇〇万人（日本の半分）ほどの、ユーラシア大陸西端の地に人類が初めて足を踏み入れたのは、いまから八一万年前のことだと言われている。氷期にはこの島々とヨーロッパ大陸とは地続きであった。

紀元前一万年頃（旧石器時代末期）には狩猟採集民が多く住み着くようになったこの地が、大陸から完全に分離してしまったのは、紀元前七〇〇〇年から六〇〇〇年の間のこととされている。「島国イギリス」の起源である。紀元前四〇〇〇年頃からは農耕や牧畜も始められ、いわゆる新石器時代に突入した。その最後の時期、紀元前二二〜前二〇世紀にはビーカー人と呼ばれる人々が渡来し、青銅器文化が伝えられた。

もともとこの島の北西部は荒涼とした寒冷湿潤の丘陵地帯であり、東南部には農耕にも適した暖かく乾燥した土地が拡《ひろ》がっていた。そのような東南部の中央に位置するソールズベリ平原に、巨石文化を代表する「ストーンヘンジ」と言われる環状列石《ストーン・サークル》が建造されるようになったのは紀元前一八世紀頃のことである。おそらくこの頃までには、大小さまざまな集団が生まれ、これを統轄する「首長」も登場したのであろう。ストーンヘンジが造られた目的や用途についてはいまも諸説存在するが、何らかの儀式がここで行われ、また暦の役割も果たしていたのかもしれない。あるいは、ここでのちの議会にも相当するような、首長と有力者との話し合いも持たれていたのかもしれない。

「ブリタニア」の誕生――ケルト文化の伝来

ビーカー人がこの島に渡来するようになっていたのとほぼ同じ時期、紀元前二〇〇〇年紀には、アルプス山脈の北部（現在のチェコからドナウ川上流域にかけて）に新たな文化的集団が登場するようになった。彼らはのちに「ケルト」と呼ばれた。現在では、一口にケルトと言っても、さまざまな文化や言語を持つ集団から成り立っていたことがわかっているが、ケルトはこの後一〇〇〇年ほどかけて、現在のフランスやベネルクス三国、スペイン北部など、ヨーロッパ北西部にその勢力を拡張していった。

そのケルトの一部族がイギリスに住み着くようになったのは、紀元前六世紀頃のこととされている。彼らはこの島の南部に移住し、それ以前に生活していた青銅器文化の人々を追い払って、より強固な鉄器文化を伝えた。その主力を担ったのが、現在の「ベルギー」という国名の由来にもなっているベルガエ人たちである。彼らは紀元前二世紀末までには高度な鉄器文化を築き、この島の東南部に豊かな農牧生産地を生み出したとされている。

同じくケルト系のガリア人たちは、今日のフランスにやはり高度な文化を築いていたが、そのフランス南部の港マルセイユから出発したある航海者は、この島を「アルビオン」と名付けた。「白い島」という意味である。東南岸が石灰質で覆われているため、いまの英仏海峡を渡ってくるときに白く輝いて見えたのかもしれない。

しかしこの島を示す名称として、ヨーロッパ大陸の人々により定着していったのは、「アルビオン」ではなく、「ブリタニア」であった。古代ウェールズ語の「プレタニ」に起源を持つとも言われるが、「ブリタニア」の名付け親は、紀元前一世紀に地中海沿岸でその勢力を急速に拡大していたラテン系の共和国ローマの一人の将軍だった。

カエサルのブリタニア遠征

紀元前一世紀半ばのローマは、俗に「第一回三頭政治」と呼ばれる、三人の将軍たちが版図を拡張する一方で、その戦功を背景に政治にも大きな発言力を有していた時代だった。三人のうちの誰かが抜きんでて、やがてはローマ帝国の皇帝に納まることも想定された。初めに目立った軍功を挙げたのはポンペイウス将軍だった。彼は中東（シリア・ユダヤ）を併合し、ローマ市民は歓呼をもってこの凱旋《がいせん》将軍を迎えた。

ここで焦ったのがライバルのユリウス・カエサルであった。東で軍功を挙げたポンペイウスに対抗するには、西で勢力を拡大するしかない。カエサルが目を付けたのがアルプスの北側にいるガリアだった。紀元前五八年から、かの有名なカエサルのガリア遠征は始まった。遠征は順調に進められたが、このときガリアを北側から支援していたのがベルガエ人によって制覇された島の住民たちだった。北部ベルガエ人はローマから「ブリタンニ」とラテン語で呼ばれていた。そのブリタンニによって支配されている島を、カエサルは「ブリタニア」と呼ぶようになっていた。

紀元前五五年、ついにカエサル率いるローマ軍が海を渡ってドーヴァー付近に上陸した。しかしこのときは兵力が一万程度であり、ローマ軍の準備不足も祟《たた》って、ブリタニア遠征は失敗に終わる。翌五四年、今度は五個軍団と八〇〇隻の船団とで侵攻したローマ軍は、戦闘用馬車で歩兵隊に突っ込むブリタニアの「戦車戦術」に手こずりながらも、東南部の諸部族を一応は屈服させることに成功した。

こののちローマ本国での政変に伴い、カエサルが帰国したために、ローマによる支配は続かなかったが、ブリタニアの諸部族にとってローマの衝撃は大きいものであった。

ローマン・ブリテンの始まり

やがてローマはカエサルの養子アウグストゥス（在位紀元前二七～後一四年）の時代から事

実上の帝政を開始し、「ローマ帝国」となった。ブリタニアが再びローマの標的とされるようになったのは、その四代目の皇帝クラウディウス（在位四一〜五四年）の時代である。

西暦四三年、クラウディウスは自ら四万の大軍を率いてブリタニアに侵攻した。今回も戦車戦術で対抗した諸部族ではあったが、この頃までに改良が重ねられていたローマ軍の最新鋭の武器や重装歩兵の戦術には歯が立たなかった。こうしてクラウディウスの遠征は成功に終わり、ブリタニア東南部を支配していた諸部族の族長の多くが追い払われた。後述する「ノルマン征服」にも比肩する衝撃をブリタニアは体験したのである。

ローマ帝国では、皇帝の名声は征服した領土の大きさにも比例した。特に相手が難敵であるほど倒したときの喝采は大きい。歴史家ピーター・サルウェイも指摘するとおり、彼ら軍事的名声を欲するローマ皇帝にとって、ブリタニアは「選《え》り抜《ぬ》きの劇場」だった。

こののち、ブリタニアはさらに拡大を続けるローマ帝国にとって、穀物・家畜・皮革・鉱物資源（特に鉛）を補給する大切な領土となった。「ローマ帝国支配下のブリテン《ローマン》」の始まりである。

もちろんこれでブリタニアが完全に屈服したわけではなかった。ローマによる強圧的な支配のあり方に反発する諸部族が、各地で次々と叛乱《はんらん》を起こしていった。

特に有名なのは、北東部を支配していたイケニ族の女王ボウディッカの叛乱であろう。王国の半分をローマに奪われ、娘二人を凌辱《りょうじょく》され、自らも屈辱を受けたボウディッカは、六一年にローマに対し叛旗を翻した。当時通商の拠点となりつつあったロンディニウム（のちのロンドン）でローマ人が多数虐殺された。最終的にはローマ軍によって叛乱は鎮圧され、ボウディッカは毒を仰《あお》いで自害した。それから一八〇〇年の時を隔てて、ボウディッカが抵抗を試みたローマ帝国をも凌《しの》ぐ大英帝国を築いたヴィクトリア女王は、往時の先輩女王を偲《しの》ぶ意味からも、彼女の銅像を造らせて、ロンドンの中心部に据えたのである。

長城の建設から協約締結へ

こののちもローマ軍によるブリタニア平定の戦闘は続いた。西暦八〇年前後には、今日のスコットランドにまで到達したローマは、その帝国の版図を最大にした皇帝ハドリアヌス（在位一一七～一三八年）来島時に、ここに強固な防衛線を建設した。世に言う「ハドリアヌスの長城」である。全長一一六キロメートルに及び、高さ五メートル、厚さ三～六メートルの防壁には、一マイル（約一・六キロメートル）ごとに砦《とりで》が造られた。この長城が一〇年の歳月（一二二～一三二年）をかけて完成した一〇年後に、次代の皇帝により「アントニヌスの長城」がさらに北部に造営されたが、こちらはその六〇年後には放棄される。

帝政の前期にあって、ブリタニアを皇帝から託された総督は、シリア総督と並び、属州のなかでも高い地位を与えられた。この地を名声を得るための拠点にしようとした皇帝同様に、総督たちはより高い地位（本国への帰還）を求めて、辺境の地ブリタニアで勢力の拡張に努

ローマ帝国支配のブリテン島

出典：指昭博『図説　イギリスの歴史』（河出書房新社，2002年）を基に著者作成

めた。二世紀末までには、ロンドンが商業の中心地として定着するとともに、ここから放射線状に街道が造られ、各地の砦《チェスター》を結んだ。砦（ラテン語のカストラに由来する）を冠した地名が各地に付けられ、なかでもコルチェスター、グロウスター、リンカン、ヨークと並ぶ四大都市として、疑似ローマ的な「コロニア」に生まれ変わった。ここには円形の闘技場や劇場、公共浴場などが建てられ、さながら小《ミニ》ローマであった。

とはいえ、当時のブリタニアの大半は、それ以前からの農牧生産地で占められていた。やがて帝国の版図が大きくなりすぎると、ローマは本国から遠い地域ほど防衛に力を注げなくなり、二一一年についにブリタニア諸部族はローマと協約を結び、同盟者《フォエデラティ》となった。この頃（三世紀）はローマ帝国全体で新しい勢力の台頭が始まっていた。

大帝の出現とローマからの離反

帝国全土が動揺するなかで、ローマは東西の正帝と副帝がそれぞれ治める四分統治《テトラルキア》体制を採るようになったが、三〇六年に北部のピクト人征討のためブリタニアを訪れていた西の副帝コンスタンティウスが亡くなり、コンスタンティヌス1世（在位三〇六～三三七年）が同地で即位した。のちに「大帝」と呼ばれる彼は、帝国の再編へと邁進《まいしん》していくが、それでも再建は難しかった。大帝がブリタニアで即位してからちょうど一世紀後の四〇六年、三七〇年代頃から侵入を繰り返していたゲルマン系の諸部族がついにライン川の防衛戦を越え、ガリアへとなだれ込んできた。

大陸の混乱の最中、ブリタニア下層民出身の一兵士がコンスタンティヌス3世を名乗って立ち上がり、手兵を引き連れて大陸へと出発した。四〇九年に、ついに総督が放逐され、ここにブリタニアはローマによる支配から離脱した。この頃までにはブリタニアの人々の多くに共有されていた「ローマ人」としての自己認識は姿を消していたのである。

アングロ・サクソンの渡来

ローマがブリタニアから撤退した五世紀前半からのおよそ一五〇年の間に、アングル人、サクソン人、ジュート人といったゲルマン系の諸部族がこの島に渡来した。いずれも北方系コーカサス人種《コーカソイド》で古代ドイツ語を話す彼らは、ブリタニア東南岸に海賊的な襲撃を繰り返し、やがて定住すると同時にブリトン人（原住民）を次々と殺戮《さつりく》していった。やがて原住民は島の中央部から北辺や西端へと追いやられていく。

西端に追い出された人々は、アングロ・サクソンの言葉で「ウェアルフ（異邦人）」と呼ばれるようになった。のちの「ウェールズ」の語源である。彼らは、七～八世紀の間にアングロ・サクソンとは異なる文化圏を形成し、グウィネッズなどの小部族王国に分立し、内外で抗争を繰り返していくこととなる。

北辺に追いやられた人々のなかには、スコット人と呼ばれる種族が含まれていた。スコット人はもともとはアイルランドに住み着き、ここからブリタニア西海岸に襲来しては、荒らしまくり、掠奪《りゃくだつ》の限りを尽くしていた。古アイルランド語で、「荒らす」「掠奪する」を「スコティ」と言う。スコット人はやがてピクト人とともにブリタニア北部に定住し、九世紀までにはアルバ王国と呼ばれるひとつの領域にまとまっていく。

このようにアングロ・サクソンによる渡来と戦闘とが、原住民を西端（ウェールズ）や北辺（スコットランド）へと追いやるなかで、原住民の間ではゲルマン系への抵抗の象徴として「アーサー王伝説」が生み出されていくのである。

七王国時代のブリテン島

出典：寺澤盾『英語の歴史』（中公新書，2008年）を基に著者作成

七王国の形成

原住民を蹴散《けち》らしてブリタニア中央部・東南部の広大な土地を手に入れたのは、当初は無数の自立集団に分かれていたアングロ・サクソン系の人々であった。いつしかこれらの地域は「アングル人の土地」という意味から「イングランド」と呼ばれるようになった。

やがて一人の首長に率いられた戦士団が拠点を築き、ここに農民が定住するというパターンが生み出された。およそ二〇ほどの「国」が形成され、七世紀初頭までにそれは七つの大きな「王国」へと集約されていく。

ケント、サセックス、ウェセックス、イースト・アングリア、エセックス、マーシア、ノーサンブリアがその七つである。「七王国《ヘプターキー》」時代の始まりとなった。

このなかでもまずは北のノーサンブリアが勢力を拡張しようとして周辺の国々に攻め込んだが、やがて内部分裂に陥った。この間にイングランド中央部をまとめたのがマーシアであった。章末の**コラム**1にもあるとおり、六世紀末から本格的に大陸から伝わったキリスト教は、イングランド各地に教会や修道院を建設して広まっていたが、八世紀前半のマーシア王国を支配したエゼルバルド王（在位七一六〜七五七年）は、教会への徴税や住民への賦課を厳しくすることで、王権と国力を伸ばすことに成功を収めた。

エゼルバルド王はやがて「マーシアの王だけでなく南イングランドのすべての者の王」を自称するようになったが、その強引な姿勢が仇《あだ》となったのか、七五七年には家臣により暗殺されてしまう。ここにマーシアは内乱状態となった。

オファ王の登場

この内乱を鎮めたのが、エゼルバルドの従弟《いとこ》で、後継の国王に選ばれたオファ（在位七五七〜七九六年）であった。これまで七王国のそれぞれに、実在、伝説、その中間的な王たちの物語が編み出されていったが、オファこそはイングランドに登場した王として、ヨーロッパ大陸にもその名を轟《とどろ》かせた最初の人物であった。

彼はマーシアの内乱を収めた後、軍備を整え、残りの六つの王国に次々と襲いかかった。

オファ王の銀貨

まずはエセックス、サセックスの王家を滅ぼす。ケントとイースト・アングリアでも王家が一時的に断絶に追い込まれた。そしてウェセックスはオファの宗主権を認めざるを得なくなった。さらにオファはウェールズとの国境地帯に防塁《ダイク》を次々と建設し、西端の諸王たちに圧力をかけた。

オファはイングランドでも初めての本格的な法典を編《へん》纂《さん》させるとともに、のちにイングランドの通貨の基盤となる「銀ペニー貨」を造幣できるだけの実力を得た。自らの横顔を刻ませた銀貨がイングランド全土で流通する。これこそオファがマーシアだけではなく、「全イングランドの王」として認められた証《あかし》であった。

この当時、西ヨーロッパではカール大帝（シャルルマーニュ）がフランク王国の勢力を拡張し、やがて西ローマ皇帝の冠を手にすることとなる（八〇〇年）。オファはそのカールと対等の関係で通商協定を結び、カールから「わが親愛なる兄弟」と呼ばれる存在だった。オファはまさに名実ともにイングランドを代表する支配者となっていた。

しかしそのオファでさえ王権を確実にはできていなかった。八世紀末の段階では、王権はいまだ軍事的勝利に基盤を置いており、オファ自身のような英雄的資質に富んだ「戦士首長」としての王に各地から恩顧褒賞を求めて諸侯やその子弟たちが集まる「軍事王権」にすぎなかったからだ。裏を返せば、たった一度の戦闘での敗北により、崩壊を免れないような脆弱《ぜいじゃく》な王権だったのである。事実、オファが七九六年に亡くなると、マーシアは急速にその勢力を弱めていく。

軍事的成功にはそれほど左右されない、安定した王位継承の規範《ルール》を備えた「統治王権」への脱皮が、イングランドに限らず、ヨーロッパ各地で図られようとしていた。そのような矢先にイングランドはまたもや新たな敵の襲来に遭遇するのである。

デーン人の襲来とアルフレッド大王

八三〇年代ぐらいから、北海周辺ではスカンディナヴィアから姿を現した北ゲルマン系のデーン人が優れた造船技術と軍事力により、次々と侵略を繰り広げていった。やがて彼らは古アイスランド語で湾や入り江を意味するヴィクという言葉から「入江に住む人々《ヴァイキング》」とも呼ばれるようになった。イングランド周辺では、八世紀末までにシェトランド、オークニー諸島を制圧していたデーン人は、九世紀に入るとマン島やアイルランドにも侵攻し、八四一年にはダブリンに定住するようになっていた。ヨーロッパ大陸でも、同年ルーアンを、八四五年にはパリを襲い、カロリング（フランク）が七〇〇〇ポンド相当の銀（平和金）を渡す代わりに攻撃を中止してもらうほどまでに彼らは強力であった。

八六五年には、デーン人はついにイングランドに襲いかかってきた。馬を駆使して迅速に移動する彼らの戦術で、イースト・アングリア、ノーサンブリアは瞬く間に制圧されてしまった。やがてデーン人はイングランド南西部のウェセックス王国にまでたどり着いた。デーン人の襲来を受けた直後、ウェセックスの王に即位したのがアルフレッド（在位八七一～八九九年）であった。

アルフレッド王が登場したとき、ウェセックスの大半はすでにデーン人の支配下にあった。彼はデーン人をまねて移動する際に馬を利用するようになっていた。また各地に砦《ブルフ》を築き、近隣の農民兵を徴集して、半年交替で軍務に就けていた。オファの死後から闘争を続けていた長年の宿敵マーシアとも手を結び（エゼルレッド王に娘エゼルフレダを嫁がせた）、両者一丸となって一進一退の末にデーン人を撃退することにとりあえずは成功を収めた。

この成功でアルフレッドの声望は一気に高まった。彼は軍事的成功に驕《おご》らず、先祖であるウェセックスのイネ王（在位六八八～七二六年）やマーシアのオファが遺《のこ》した法典（慣習）を踏襲しながらも、独自の法も導入して、新たな法典を編纂させた。ここに王自身の個人裁量によって法を決められる先例ができあがる。

また、デーン人の襲来に遭遇して、アルフレッドが整備を急がせたのが各地方の統治であった。イングランドには、古来から各種族の首長や豪族に由来する「エアルダーマン」と呼ばれる指導者が管理する州《シャイア》が存在したが、それとは別に、各地に散在する王領地を代官に管理させ、ここも州《シャイア》と名付けることになった。のちに定着する「州制」の初歩的なものがここに生まれた。

デーン人が襲来する頃までに、イングランドは四つの王国（イースト・アングリア、マーシア、ウェセックス、ノーサンブリア）から成り立っていたが、その後の戦闘でウェセックスだけが完全な姿で生き残った。またこの過程で各地の王侯や豪族たちは、アルフレッドから新たな領地を譲渡されたり、一族が本来領収していた土地をあらためて認めてもらう必要から「領地権利証書」も作られ、ウェセックス国王がこれを発行する権利を握った。

こうしてウェセックス主導型でのイングランド統一と王権の強化を進めたアルフレッドは、一方で中年から修得したラテン語（当時のヨーロッパにおける共通語）を駆使して、数々の作品ものした文人王でもあった。いつしか人々は彼を「大王《ザ・グレート》」と呼んでいた。

最初の「イングランド王」の誕生と「賢人会議」

アルフレッド時代に勢力を固めたウェセックスは、孫のアゼルスタン（在位九二四～九三九年）のときについにイングランドの統一を決定づけることになった。

アルフレッドの嫡男エドワード（在位八九九～九二四年）の長子であると同時に、夫の死後にマーシアの女王《レイディ》として君臨したエゼルフレダ（伯母）の宮廷で育てられたアゼルスタンは、ウェセックス、マーシア双方にとっての正統な後継者としてここに登場したのである。この時代にはまだ王位継承者をめぐって各地で争いが絶えなかったが、そのようななかでアゼルスタンは珍しくスムースに王位を引き継いでいた。

彼は即位後早々に、いまだ各地を急襲していたデーン人を撃退して、イングランド北部の大都市ヨークを占領した。こうした軍功もあって、即位して三年後の九二七年頃から、彼が発行する領地権利証書にも「イングランド王」の称号が登場するとともに、この呼称はイングランド全土でも認められるようになっていた。

それは呼称の問題だけではなかった。この時代でも軍事的成功は王権の重要な基盤となっていた。九三七年には、スコットランド王が北方諸族と連合を組んだ大軍をブルナンブルフの戦いで打ち破り、アゼルスタンの優位は確実なものとなったのである。

アゼルスタンは、国内ではまず祖父アルフレッドが生み出した州制をさらに発展させ、州の下に郡《ハンドレッド》（一〇〇世帯からなる単位）、さらにその下に十人組《タイジング》を編成させ、各地を治める有力貴族（「伯」と呼ばれるようになっていた）の代理人と、国王直属の大代官とが次第に融合する支配体制へと変容を遂げさせた。また、アゼルスタン自身の法典が新たに編纂されるとともに、オファの時代から王権の象徴として重視されるようになっていた銀ペニー貨の鋳造権も獲得し、イングランド中を流通する単一の貨幣がここに現れた。

そのアゼルスタンがオファ王の一歩先を行った分野が「外交」だった。カール大帝一族と

ウェセックス王家

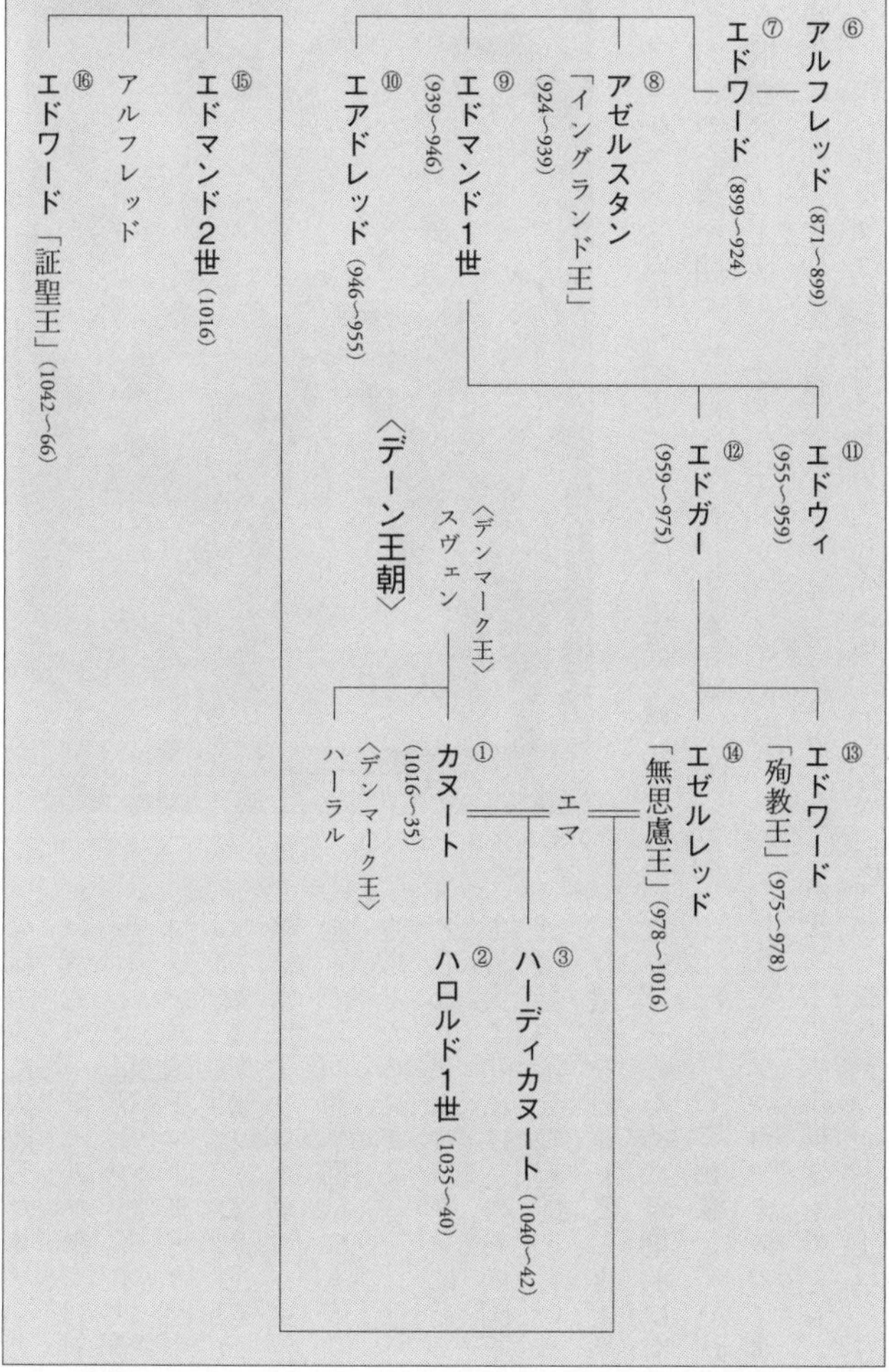

⑥アルフレッド（871～899）
⑦エドワード（899～924）
⑧アゼルスタン「イングランド王」（924～939）
⑨エドマンド1世（939～946）
⑩エアドレッド（946～955）
⑪エドウィ（955～959）
⑫エドガー（959～975）
⑬エドワード「殉教王」（975～978）
⑭エゼルレッド「無思慮王」（978～1016）
エマ
⑮エドマンド2世（1016）
アルフレッド
⑯エドワード「証聖王」（1042～66）
〈デーン王朝〉
スヴェン〈デンマーク王〉
①カヌート（1016～35）
ハーラル〈デンマーク王〉
②ハロルド1世（1035～40）
③ハーディカヌート（1040～42）

アゼルスタン王（左）

の縁組みに失敗したオファとは異なり、アゼルスタンは神聖ローマ皇帝オットー1世やフランス国王ユーグ・カペーに姉妹を嫁がせ、これらの政略結婚によりヨーロッパ主要国との「同盟」締結にも成功を収めたのである。

しかしアゼルスタンにとって最大の功績は、のちの国王評議会や議会の起源ともいうべき機関を設置したことであろう。アゼルスタン以降の国王は「立法」に深く携わるようになり、そのために定期的に有力者たちとの会議を開くようになった。王が司教や伯（エアルダーマン）らに相談して立法を行う慣習は、ノーサンブリアのエドウィン王の時代（六二〇年代）やウェセックスのイネ王の時代（六九〇年代）にも見られたが、アゼルスタンはこれをさらに大規模なものとし、キリスト教の重要な行事であるキリスト降誕祭《クリスマス》（一二月）、復活祭《イースター》（四月頃）、聖霊降臨祭《ペンテコステ》（五月頃）に定期的に開催するようになった。

これが「賢人会議《ウィテナイェモート》」と呼ばれるものである。イングランド各地から代表者を集めた会議で、カンタベリーとヨークの大司教、多くの司教や大修道院長たち、伯（エアルダーマン）らの有力貴族、豪族（セイン）らが出席するようになり、地方的な問題よりも、イングランド全体に関わる外交や防衛問題、さらには立法や司法に関わる問題を主に協議した。そしてこの会議に集まるようになった有力者たちにとって大切な役割となったのが、先王の死から次王の継承までの間に問題が生じないよう調整するという、まさに王位継承規範に関わる事柄であった。

賢人会議は、前記のキリスト教行事とは関わりのない時期にも召集されたが、復活祭の会議では春の軍事遠征に関わる相談も頻繁に行われた。また時代が下るとともに、出席者の席次（序列）も徐々に形成されるようになっていった。

エドガー王の戴冠式

イングランドが名実ともに「統一王国」として完成したのは、アゼルスタンの甥《おい》エドガー王（在位九五九～九七五年）のときである。

この頃までには、イングランドのかつての王国（イースト・アングリア、マーシア、エセックスなど）は伯《エアルル》によって治められ、彼らが上主である国王に忠誠を誓うようになっていた。

エドガー王の戴冠式を描いたステンドグラス　バース修道院

エドガーも賢人会議に相談の上で、法典を編纂させ、外交や防衛も検討させた。また熱心なキリスト教徒であったエドガーは、デーン人の襲来で破壊された小教会を統合し、新たに大教会（聖堂）を建設させた。さらに、イングランドで最高位のカンタベリー大司教ダンスタンとともに、世俗化や腐敗の進んだ全国の修道院の改革にも臨んだ。

そのエドガー王が今日にまで続く慣習として確立したのが、キリスト教式の国王戴冠《たいかん》式だった。エドガーは、兄エドウィの突然の死を受けて、わずか一六歳で国王に即《つ》いていた。その彼がキリスト教に基づく「戴冠式《コロネーション》」を挙行したのは、それから一四年の歳月を経た九七三年のことであった。教会法によれば、聖職者が一人前と認められるのは三〇歳になってからのことである。これに倣《なら》って、エドガーは三〇歳になったのを機に、イングランド南西部のバース（ローマ時代の浴場《バース》で有名な保養地）の修道院で、ダンスタン大司教の司式により塗油の儀式と神の名の下での宣誓を行い、頭上に冠を戴《いただ》いたのである。

これによりキリスト教の祝福の下で王冠に神聖性と永続性が与えられると同時に、戴冠式は国王と臣下との関係をカリスマ性と合意によって結びつけ、彼らは賢人会議での協議だけではなく、華やかな儀礼や饗宴《きょうえん》によっても一体感を感じるようになっていった。また、古代イスラエル王国に端を発し、カロリング王朝フランク王国に継承されたこの儀礼を通じて、エドガーの王位は有力王侯や首長を超越した存在となり、スコットランド王やウェールズ首長らによる臣従を決定づけた。

エドガーの戴冠と相前後して、神聖ローマ帝国ではオットー1世の戴冠式（九六二年）がローマで教皇の手によって、フランス王国ではランス大聖堂でユーグ・カペーの戴冠式（九八七年）が大司教の手によってそれぞれ行われており、戴冠式は各国で重要な意味を持つとともに、戴冠の場所もそれぞれに固定化されていった。

デーン人の再襲来

しかし王冠に神聖性と永続性が与えられたにもかかわらず、イングランド王位をめぐる衝突は始まる。戴冠式の二年後、九七五年にエドガー王が亡くなると、長男エドワードとその異母弟で次男エゼルレッドを擁立するそれぞれの派閥の間で抗争が生じた。即位の三年後にエドワード（在位九七五〜九七八年）は暗殺され、ここにまだ一〇歳のエゼルレッド（在位九七八～一〇一六年）が王に即いた。

彼は、アゼルスタン時代から定着していた賢人会議への相談を怠るようになり、各地の有力者は次第に王からの自立を図るようになっていく。心身ともに成熟しておらず、王としての資質にも欠けていたエゼルレッドは、いつしか「無思慮王《アンレディ》」のあだ名で呼ばれるようになっていた。

このようにイングランド国内が不穏な空気に包まれていくなかで、再び北海からデーン人たちが襲来したのである。エゼルレッドは、同じくデーン人の襲撃を受けたフランス北西部のノルマンディ公リシャールと同盟を結び、一〇〇二年にその妹エマと結婚した。のちのイングランドとノルマンディとの深い関係はこのときに築かれたものである。ところが同年、エゼルレッドは数人の側近との相談だけでイングランド中のデーン人を皆殺しにする命令を出してしまった。オックスフォードでは、デーン人たちが聖堂に逃げ込み、町民の放った火で全滅するという惨事も生じた。

これに激怒したデンマーク王スヴェンは、翌年大軍を率いてイングランドを襲い、先の惨事の復讐《ふくしゅう》も込めて、オックスフォードを焼き討ちにする。エゼルレッドは巨額の銀貨を彼ら「ヴァイキング」に差し出さねばならなかった。先にカロリング（フランク）王国の事例で紹介したが、九世紀からすでに見られていた慣習で、全国から平和金を徴集して休戦を請うためである。一〇一八年までの間にイングランドが支払った平和金は、一九万五〇〇〇

（他説では二四万）ポンドにも及んだとされている。

無能さをさらけ出したエゼルレッド無思慮王は、妻の実家ノルマンディに亡命し、一〇一三年にイングランドの有力貴族たちはスヴェンを王として迎えた。翌一四年にスヴェンが急死すると、長男ハーラルがデンマーク王に即位し、次男カヌートがここにイングランド王として推戴された。しかしいまだ軍備が整っていなかったカヌートを尻目《しりめ》に、エゼルレッドがイングランドに帰還して王位を奪還する。カヌートは翌一五年にデンマークから大軍を引き連れて上陸し、ノーサンブリアを征服した後、一路ロンドンをめざした。

「征服王」カヌートの登場

この間の一〇一六年にエゼルレッドが亡くなり、長子エドマンド２世が王に即いた。しかしお膝元《ひざもと》のウェセックスでさえ有力貴族の大半はカヌートになびいていた。アシンドン（エセックス）の戦いでカヌートに敗れたエドマンドは、講和を結んだ直後に急死し、ここにイングランドの賢人《ウィタン》たちの合意で、カヌートが「全イングランドの王」と認められた。

カヌート（在位一〇一六〜三五年）は、「征服者」としてではなく、正統なイングランド王として有力者たちに迎え入れられたし、自らそれを望んでいた。そのためウェセックスの正統な継承者であることを示すために、彼は即位とともに「エドガー王の法」を継承することを宣言した。またエゼルレッド王の未亡人エマと結婚し（ここにはイングランドと同じくデーン人との敵対が続くノルマンディ公国との関係改善の狙《ねら》いも込められていた)、「征服者」として強圧策を採るのではなく、在地の有力貴族との協調路線を選択した。

ウィンチェスターの大聖堂に黄金の十字架を寄進するカヌートと王妃エマ

中国の歴代王朝にも古来から「易姓革命《えきせいかくめい》(前の王朝を倒して新たな王朝を築く)」と同時に、それまでの慣習を継承して「祖法《そほう》を守る」という両面が見られた。「デーン王朝」を形成したカヌートも、イングランド古来からの法や慣習をきちんと踏襲し、賢人会議にも諮《はか》って政策の諸事全般を進めていくつもりであった。

ところがデーン人であることが、カヌートに負担を与えていく。一〇一九年に兄が急逝し、カヌートはデンマーク王も兼ねた「北海帝国」の盟主に納まったからだ。のちのノルマン王朝時代以降に頻繁に見られるようになっていく「海峡を越えた」王政の始まりである。自らが不在時の行政機能を確かなものにするため、カヌートはイングランドをノーサンブリア、イースト・アングリア、マーシア、ウェセックスの四つの伯領《アールダム》に分け、ここを各伯《アール》に委託して統治させていく。この時代に地方の最有力貴族は「伯」となった。

イングランドを四人の伯に託したカヌートは、デンマークの強大化を恐れたノルウェー王とスウェーデン王の連合軍から攻撃を受ける可能性が高まっていた。二人の機先を制したカヌートはノルウェーを撃破し、これ以後カヌートの北海帝国はノルウェーとスウェーデン南部まで支配下に置いた巨大な領域を治めた。イングランドは新たに形成された北海商業圏の要《かなめ》のひとつとなり、このの ち都市や商人層が大きく成長を遂げていく。

　北海帝国を形成する一方で、熱心なキリスト教徒でもあったカヌートは、一〇二七年にローマを巡礼し、折しも華やかに挙行されていた神聖ローマ皇帝コンラート2世の戴冠式に列席した。ここで彼はドイツ諸侯やヨーロッパ各地の王侯との「外交」も展開した。

強すぎる家臣たちの存在

　しかしカヌートが築き上げたデーン王朝は、彼の死後わずか七年であっけなく終わってしまった（一〇四二年）。カヌートの留守中にイングランドを預かっていた伯たちの下に、各州を預かる地方代官（リーヴもしくはシェリフ）が登場し、彼らはやがて地方豪族《セイン》たちの共同体にも属していく。彼ら豪族たちは、自らの荘園にキリスト教の教会を競って築くようになり、「村、荘園領主の館《マナー・ハウス》、教会」という現在にも残るイングランドの田園風景はこの一一世紀から登場する典型的な景観となっていく。

　北海帝国を切り盛りする王の代わりに伯領を預かった伯たちの力もまた強大化した。なかでもマーシア伯レオフリック（奥方が有名なレディ・ゴディバ。重税を廃止してもらうために、町中を裸の乗馬姿で走ったという伝説がある）と並びウェセックス伯ゴドウィンの台頭は目を見張るものがあった。もともとは地方豪族にすぎなかったゴドウィンは、カヌートの即位とともに彼にすり寄って、即位後しばらくはカヌートが兼ねていたウェセックス伯に納まることに成功。カヌートの死後、王位継承をめぐる混乱が生じ、その隙《すき》にゴドウィンはエゼルレッド王の遺児アルフレッドを暗殺させ、最終的にはアルフレッドの弟エドワードを擁立して、賢人たちの合意により彼を王に即けた。

ウェセックス王朝復活の声が高まるなかで、こうしてエドワード（在位一〇四二～六六年）が王となった。彼もまた熱心なキリスト教徒であり、のちに「証聖王《コンフェッサー》」の異名を取ることになる。

ところがエドワードは、即位早々から有力者たちと衝突を起こした。彼は即位するまでの二五年間をノルマンディで生活し、日常会話はフランス語であった。フランス流の政治文化に慣れ親しんできたこともあり、政治（王の側近）や宗教（大司教・司教）の要職はほとんどノルマン人で占められるようになっていったからである。これにはイングランドの有力貴族たちが反発を示した。その反対派の筆頭がゴドウィンであった。

いまやゴドウィンは「強すぎる家臣たち《オーヴァーマイティー・サブジェクツ》」の一人として、国王の選定にも大きな影響力を及ぼせる存在となっていた。彼は娘イーディスをエドワードの妃《きさき》に据え、イングランドの政治を支配しようと企んだ。しかし当のエドワードにとって、ゴドウィンは「兄殺し」の張本人であり、彼に対する当てつけからも側近をノルマン人で固めていたのである。

エドワードはマーシア伯とノーサンブリア伯を味方に付けてゴドウィンを国外へ追放したが、一〇五二年にゴドウィンは帰国して復権を果たす。ノルマン人の側近たちは追い出され、エドワードはゴドウィンの傀儡《かいらい》とされた。翌五三年にゴドウィンが急死したものの後継のウェセックス伯に就いた彼の次男ハロルドが実権を掌握。ハロルドはウェールズ諸族との抗争に勝利を収め、その権力基盤をさらに固めていった。

証聖王の死と三つ巴の抗争

「強すぎる家臣たち」に取り囲まれていたエドワード証聖王にとっての最大の弱点は、世継ぎに恵まれなかったことだった。一〇五〇年代の半ばには王も五〇歳を超え、後継者の指名も考えるようになった。証聖王が後継に指名したとされているのが、彼自身が四半世紀にわたる亡命生活で世話になったノルマンディ公国の当主ギョームである。カヌート王が亡くなった一〇三五年にわずか七歳でノルマンディ公に就いた彼も、そろそろ三〇歳を迎えようとしていた。証聖王は、ゴドウィンを一時的に追放した一〇五一年の時点で、すでに自らの後継国王に即くようギョームに打診していたとされている。

それから一五年ほどの歳月が流れた一〇六五年、証聖王はノルマンディに使者を派遣し、ギョームを再度後継者に指名したと言われる。実はそのような指名が行われたという確かな証拠は残っていないのであるが、このとき使者として遣わされたのが、ウェセックス伯ハロルドであった。自らも証聖王亡き後のイングランド王位を狙っていた彼にこの大役が託されるとは歴史の皮肉でもある。

ついに一〇六六年一月五日にエドワード証聖王は亡くなった。自らが建立《こんりゅう》に尽力した、ウェストミンスター修道院に葬られた。

証聖王崩御の直後に賢人会議が召集され、イングランドの有力貴族や聖職者たちはウェセックス伯ハロルドを国王に選出した。ここにハロルド2世（在位一〇六六年一月～一〇月）が王位に即いた。しかしハロルドの即位には二人の人物が異議を唱えてきた。一人はノルウェー王ハーラル。もう一人がノルマンディ公ギョームである。ここに三つ巴《どもえ》の抗争が始まる。

イングランドの有力諸侯を味方に付けたハロルド2世は、九月二五日にヨーク近郊のスタンフォード・ブリッジで、遠征に来たハーラル軍を殲滅《せんめつ》。ハーラル自身も戦死した。こうして九世紀以来の二〇〇年にわたって、ブリテン島やアイルランド、さらにその周辺の島々を恐怖に陥れてきた「デーン人の襲来」は幕を閉じることとなった。

その一方で、フランス北西部のノルマンディ海岸では、ギョームがイングランド上陸に良好な風向きをつかみ、九月二八日に上陸した。この第一報をハロルド2世はヨークで聞いた。功を焦ったハロルド2世はすぐさま兵を南下させて、ギョーム追討に急いだ。その間にギョームはイングランド南東岸のヘイスティングズの北郊センラック（のちのバトル）の丘に橋《きょう》頭堡《とうほ》を築いて、ハロルド軍を待った。

一〇月一四日、ここに両軍は激突し、一進一退の末にギョーム軍が勝利をつかみ、ハロルド2世は戦死した。こののちギョーム軍は、ドーヴァー、カンタベリー、ウィンチェスターといった主要都市を経て、ついに最終目的地ロンドンも制圧した。

ノルマンディ公ギョーム＝ウィリアム1世の戴冠式

ヘイスティングズの戦いから二ヵ月後の一〇六六年一二月二五日のクリスマスの日に、ギョームはイングランド国王「ウィリアム（ギョームの英語名）1世」として、エドワード証聖王が建立し葬られた、ウェストミンスター修道院で華やかな戴冠式を挙行した。

これまでのイングランド王たちは、先王の死後に賢人会議などで選出され、それから一年後にあらためて戴冠式を行うのが慣例であったが、このたびのウィリアムの場合には「征服王」としての色合いが強かったこともあったのであろう、有力貴族から異論が出る前に、すぐさま式を強行してしまった。

式典にはギョームと一緒にノルマンディから遠征に随行してきたノルマン貴族たちも数多く出席していた。ノルマンディは「公国」であり、王はいない。それゆえ「王冠」を戴く儀式としての戴冠式も執り行ったことはなかった。これからイングランドを「征服」していく彼らノルマン貴族にとって、戴冠式という一大スペクタクルは、王への臣従礼を再確認する意味でも、きわめて重要な儀式と映ったようである。

さらに、ギョームがウィリアム1世としてイングランド国王に即位するにあたっては、当時のローマ教皇アレクサンデル2世からも了解を得ることができた。ギョームは単なる思いつきでイングランド遠征に乗り出したわけではない。亡き証聖王の母エマがギョームの祖父の妹にあたるという「血縁的」な結びつきと、証聖王のノルマンディでの亡命生活を支え二度にわたり王位継承の打診を受けたとする「精神的」な結びつきとを強調して、遠征前にすでにローマ教皇庁にその正統性を訴えていたのである。教皇は聖ペテロ（キリストの弟子にして初代教皇）の紋章旗をウィリアムに贈り、その王位継承を祝福した。

ウィリアム1世は、先のカヌートのときと同様、「エドワード証聖王の法」という祖法を守ることを宣言し、ここにノルマン王朝が成立した。しかしこの「征服王朝」をイングランドに根づかせていくために、ウィリアム1世にはこの先数多くの試練が待ちかまえていたのである。

コラム1

キリスト教の伝来

古来ブリタニアではケルト人は自然崇拝に基づく多神教（ドルイド信仰）を有していたが、四世紀半ばにローマ帝国で公認されたキリスト教が伝わり、イングランドではヨークとロンドンに司教座が置かれた。四世紀末にスコットランド（ニニアンの伝道）、五世紀にはアイルランド（パトリックの伝道）とウェールズ（イルウゥドの伝道）に布教された。

アングロ・サクソンの襲来でイングランドから一時キリスト教が追いやられたが、布教が再開されたのは教会改革で名高い教皇グレゴリウス1世の時代である。五九六年に教皇の命を受けたアウグスティヌス一行は、大陸から近くキリスト教徒の商人が交易を開始していたケント王国の都カンタベリーに渡り、エセルベルフト王に迎えられた。王は受洗し、人々の間にも教えが広まった。アウグスティヌスは初代カンタベリー司教に任命され、彼の死後にこの地に大司教座が置かれ、イングランドにおける宗教的拠点となった（六一〇年）。

こののちヨークにも大司教座が置かれたが（六二五年）、「ノルマン征服」後のカンタベリー大司教ランフランクの強圧策により、一〇七二年の教会会議でヨーク大司教はカンタベリー大司教に従属することが決まった。

また、スコットランドは長らくヨーク大司教の監督下に置かれていたが、一一九二年に独立した地位を確立し、一四七二年にセント・アンドリューズに大司教座が設置された。ウェールズでも一二世紀前半に司教区が各地に形成され、カンタベリー大司教の監督に対して、セント・デイヴィッズ司教が自治権を主張した。

ブリテン島とは異なる布教の歴史をたどったアイルランドでは、一一〇五年という早い段階からアーマーに大司教座が置かれ、カシェル（一一一一年）やダブリン（一一二一年）にも相次いで大司教が登場した。一六世紀半ば以降に、ブリテン島諸国がイングランド国教会やスコットランド教会（カルヴァン派プロテスタント）へと変容を遂げていくなかでも、アイルランドでは長らくカトリックが主流を占めることになった。

なお、イングランドでは聖ジョージ（祝祭日は四月二三日）、スコットランドでは聖アンドリュー（同じく一一月三〇日）、ウェールズでは聖デイヴィッド（同じく三月一日）、アイルランドでは聖パトリック（同じく三月一七日）がそれぞれ守護聖人と定められた。

第2章　ノルマン王朝のイングランド——11～12世紀

ウィリアム征服王の登場——フランス語による支配

一〇六六年のクリスマスの日に、ウェストミンスター修道院でアングロ・サクソン人のヨーク大司教エァルドレッドの司式によりイングランドの儀礼に従って戴冠式を行い、その際に有力者たちから臣従礼《オマージュ》と忠誠誓約を受けたウィリアム1世（在位一〇六六～八七年）は、「エドワード証聖王の法」（祖法）を守ることを約束した。また可能な限りは復活祭《イースター》をウィンチェスターで、聖霊降臨祭《ペンテコステ》をウェストミンスターで、クリスマスをグロウスターでそれぞれ王冠を被って家臣たちと祝うという、それまでのアングロ・サクソンの伝統に則《のっと》って王権を維持することも表明した。

ところが、イングランド北部やウェールズ辺境部では、ウィリアム1世の王権は無視されていた。「ノルマン征服《コンクェスト》」の翌年、一〇六七年には早くも北部のアングロ・サクソン豪族が叛乱の狼煙《のろし》を上げた。翌六八年にマーシア伯とノーサンブリア伯の叛乱が生じ、六九年になるとスコットランド王がデンマーク王やウェセックスの貴族、ウェールズ辺境の首長らと手を組んで、ウィリアム1世に襲いかかってきた。このいずれにも迅速に対応できたウィリアム1世は、一〇七一年までにはすべての叛乱を鎮圧することに成功した。「征服王朝」にとって王権を確立するためには、最後は軍事力が物をいったのである。

　この叛乱の過程で、主にイングランド中部と南部で土地所有者が大幅に交替した。それまで四〇〇〇人ほどのアングロ・サクソン人によって保有されていた土地が、二〇〇人に満たないノルマン系の高位聖職者や有力者に分け与えられたのである。彼らは、騎士たちを率いて軍役に就くこと（平時には四〇日、戦時には六〇日）と引き替えに、王から土地を与えられ、王の直属封臣《テナント・イン・チーフ》となった。なかでも特に有力な者たちは諸侯《バロンズ》と呼ばれた。

　さらに教会の要職も大幅に刷新された。ノルマンディの修道院からランフランクが招聘《しょうへい》されカンタベリー大司教に任じられたのを皮切りに、一〇七〇年以降にはイングランドの大司教・司教や大修道院長などはいずれもノルマン人で固められていった。

　そればかりではない。これ以後、イングランドの貴族社会の共通語はフランス語に改められ、政治や司法の公式文書もすべてラテン語と並んでフランス語で記されるようになる。アングロ・サクソンの言語（英語）は被支配階級や農民の言語として「非公式」なものとされた。

　歴史家のジョージ・ガーネットに言わせれば、「ノルマン征服」に匹敵するだけの巨大な暴力を伴った侵攻は他に類を見ず、イギリスの歴史を最も素早く冷酷に、そして長期的に変

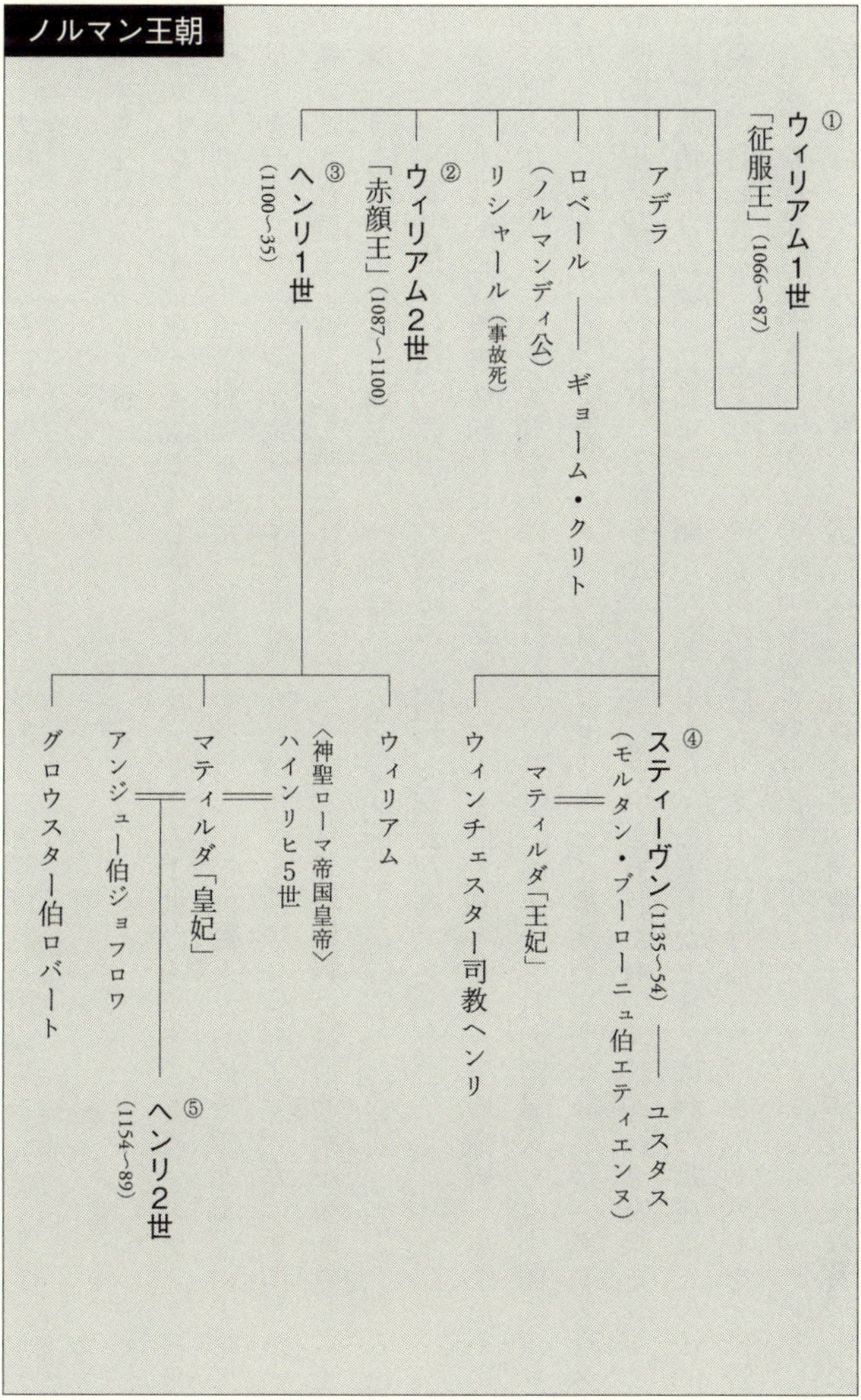
ノルマン王朝
①ウィリアム1世
「征服王」(1066～87)
アデラ
ロベール
(ノルマンディ公)
ギョーム・クリト
リシャール(事故死)
②ウィリアム2世
「赤顔王」(1087～1100)
③ヘンリ1世
(1100～35)
④スティーヴン(1135～54)
(モルタン・ブーローニュ伯エティエンヌ)
ユスタス
マティルダ「王妃」
ウィンチェスター司教ヘンリ
ウィリアム
〈神聖ローマ帝国皇帝〉
ハインリヒ5世
マティルダ「皇妃」
アンジュー伯ジョフロワ
⑤ヘンリ2世
(1154～89)
グロウスター伯ロバート

革する大事件であった。ウィリアム1世が「征服王《コンカラー》」と呼ばれる所以《ゆえん》である。

祖法を守るウィリアム1世

しかしいったん征服が実現してしまえば、ウィリアム1世はあくまでもイングランド古来の政治体制を維持する方針を示した。征服王が尊重したのは賢人《ウィタン》たちの声である。第1章でも見てきたとおり、アゼルスタン王が即位(九二四年)してからのおよそ一五〇年にわたって続いてきた国王と賢人会議《ウィテナイェモート》との話し合いこそが、社会的協調と政治的安定を保障し、王自身のカリスマ的権威を誇示する。同時に、全国家的問題を協議し、立法や司法を司《つかさど》るとともに、司教や伯の任免、教会法の制定にも関わる重要な場であった。

また、もともとは質素倹約を旨《むね》とするウィリアム1世であったが、王の権威を示すためには、盛大な儀式としての戴冠をしばしば行った。一〇六六年一二月の戴冠式とは別個に、ウェストミンスター、ウィンチェスター、ウィンザーなどで復活祭や聖霊降臨祭、クリスマスの時期に祝祭戴冠が行われ、王国全土から従者らを引き連れた有力諸侯が次々と集まり、ここでも政治的な討議や裁判集会が開かれたりもした。こうしたときに権利の譲渡などの法的手続きが行われることもあり、その詔書には証人リストが付けられた。このリストを元に賢人会議や祝祭戴冠に集まった人々の名前や数を割り出すこともできる。

たとえば、一〇八一年の賢人会議には、大司教二名、司教一三名、大修道院長六名、王の息子三名、有力諸侯一三名など、総計四〇名が集まっていたことがわかる。

またウィリアム1世は、アングロ・サクソン時代からの州長官《シェリフ》制度も維持し、地方統治でも祖法を守っていくが、征服から五年を経過する頃（一〇七一年）までにはこの役職の大半もノルマン人によって占められていった。

こうしてイングランドに固有の賢人会議を活用し、地方法廷の維持やゲルド税（元来はデーン人への平和金として臨時に徴収した税）を復活させるなど、「征服王」であるがゆえ、エドワード証聖王の正統な後継者としての立場を強調しようとしたウィリアム1世の姿勢が、他の西欧諸国とは異なり、この国の王と有力者との関係をより緊密かつ互恵的にしていた。

ノルマンディ防衛のための供給源

とはいえ、ウィリアム1世にしても、彼と一緒に大陸から渡来してイングランドに土地を与えられた諸侯にとっても、「本国《ホームランド》」はあくまでもノルマンディであった。王と諸侯がイングランドで得た富は、すべてノルマンディ防衛のために使われ、その意味でイングランドは「属領」的な立場に置かれていた。

ウィリアム1世のイングランドでの収入は、征服時にアングロ・サクソン貴族から没収した土地の収益も合わせて、年間一万一〇〇〇ポンドほどであったとされる。これはエドワード証聖王の二倍の年収である。それでもノルマンディを守るためには不十分だった。

イングランドとノルマンディ

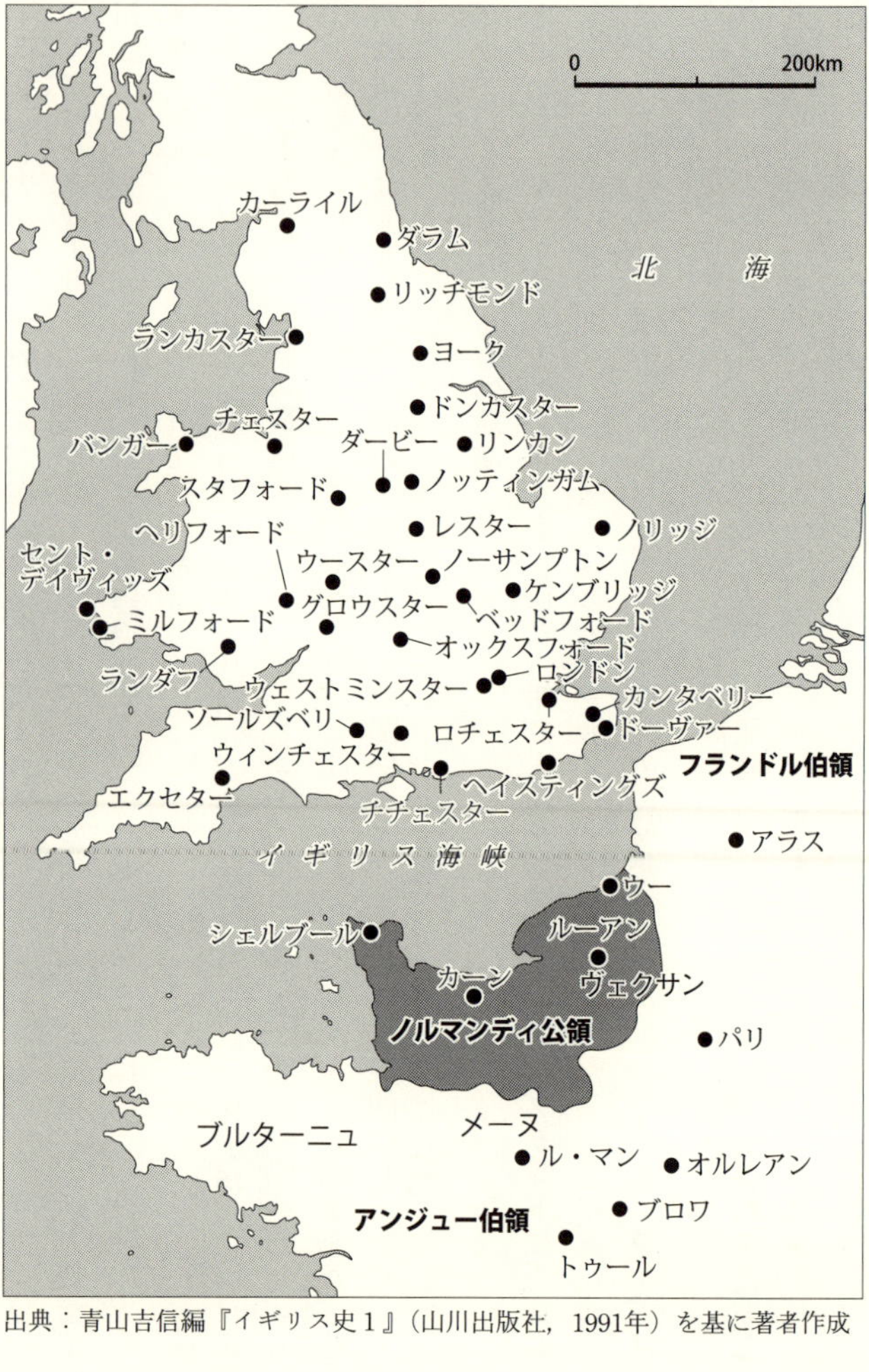

出典：青山吉信編『イギリス史１』（山川出版社，1991年）を基に著者作成

治世末期の一〇八五年のクリスマスを家臣たちとグロウスターで過ごしたウィリアム1世は、土地税をより効率的に徴収する目的からも、征服後の土地の管理に関する最終的な文書として本格的な土地台帳の作成を命じた。イングランド全土とまではいかなかったが、主要な領域に関する二冊の台帳が翌年作成され、聖書の最後に登場するこの世の終末のとき「最後の審判の日《ドゥームズデイ》」にちなんで、『ドゥームズデイ・ブック』とのちに名付けられた。

いまも当時の姿を残すウィンザー城

　またこれと同じ年（一〇八六年）の八月一日には、イングランド西南部のソールズベリ平原に、その大小にかかわらずイングランドに土地を所有するすべての領主たちに王自らが呼びかけ、全国から多数の諸侯や騎士たちが集まったとされる。ここで行われた「ソールズベリの誓い」は、国王の直属封臣だけではなく、陪臣（家臣の家臣）たちとも国王が直接的に関係を持つことで、イングランドの王権をより強固なものにする先例となった。

ウィリアム1世は、すでに先人の「征服王」ともいうべきカヌートの時代から見られていた国王裁判権の強化などに基づき、「国王大権《ロイヤル・プレロガティヴ》」の観念をイングランドに本格的に導入し始めていた。そこには殺人罪などの大罪を裁く権利の他に、城郭建築を統制する権能やオファ王の時代から見られた貨幣鋳造権（14頁参照）なども含められた。「征服王」は、イングランド防衛のために各地に強固な城を築いたが、そのなかで特に有名なものが、今日もその雄姿を残しているロンドン塔とウィンザー城であろう。

「アングロ＝ノルマン王国」の悲劇

ウィリアム1世以後のイングランドは、ノルマンディ公（精確にはノルマンディの領主は一二〇四年まで「公《デュク》」には叙されておらず、「伯《コント》」であったが、一一世紀にはすでに「公」を自称していた）ギョームと同じくノルマンディに所領を有する貴顕たちによって支配されていたため、何人かの歴史家はこれを「アングロ＝ノルマン王国」と呼ぶこともある。それはまたこの海峡をまたいだ所領を支配するために、国王自身はもとより、諸侯たちも大陸と島とを頻繁に行き来しなければならないことを意味していた。

ギョームが「ノルマン征服」により、ウィリアム1世としてイングランド国王を兼ねるようになったとき（一〇六六年）、彼がフランスで臣従礼《オマージュ》を行うカペー王朝のフィリップ1世はまだ一四歳の少年にすぎなかった。こののち一〇七一年まで、ウィリアム1世はイングランド内外の勢力と対峙《たいじ》せざるを得なかったが、その頃までに野心家の青年王に成長していたフィリップ1世は、ノルマンディ公の影響力をこれ以上拡大させないためにも、一〇七七年にはフランドル伯とアンジュー伯というフランスの有力貴族と同盟を結んで、ウィリアム包囲網を形成する。スコットランド国王もこれに近づいてきた。

さらにウィリアム1世にとって脅威となったのが、自らの長男ロベールがこれらの勢力と手を結んで、父に叛乱を仕掛けてきたことであった。

ウィリアム1世は、妻（フランドル伯の娘マティルダ）との間に四男五女をもうけた。長男ロベールは「本国」ノルマンディとすぐ南のメーヌを「ノルマン征服」の直後に託されていた。次男リシャールはイングランド南部のニュー・フォレストで狩猟中に事故で急死した（一〇七五年頃）。三男のギョーム（ウィリアム）は父からイングランドを譲られる予定とされ、四男アンリ（ヘンリ）には継承できる領土は残されなかった。

海峡をまたいだ王国を支配しなければならなかったウィリアム1世は、ノルマンディの統治を後継者ロベールにすべて託してもよかったのだが、若年の息子（「ノルマン征服」時に一三歳ぐらい）では心許《こころもと》なかったのであろう。こののちも彼自身がノルマンディでの実権を握り続けていた。しかしその息子が二五歳に成長した一〇七八年、フランス国王やアンジュー伯、そしてノルマンディ貴族のなかでも比較的若いグループから後押しをされて、父王に叛旗を翻したのである。

ジェルブロアの戦いで負傷したウィリアム1世は、ノルマンディの首都ルーアンへと逃れた。この父子対決はやがて周辺諸侯をも巻き込む大騒動へとつながった。ウィリアム1世に見られた家庭内不和と国境紛争こそが、こののち曽孫のヘンリ2世の時代にまで連綿と続く、「アングロ＝ノルマン」の王に特有の呪縛《じゅばく》となっていく。

征服王の死と赤顔王の即位

こうした大陸での騒動の後で、ウィリアム1世はイングランドの富や軍事力を、息子ロベールの反抗を押さえ込む意図をも含めたノルマンディ防衛に、効率的に用いていこうと思いたつ。一〇八五年、グロウスターで家臣たちと盛大にクリスマスを祝い、大がかりな土地台帳の作成を命じる。さらに翌八六年夏には、ウィンチェスター(「アングロ＝ノルマン王国」にとって交通の要衝となっていた)に次ぐ行政府の中心地ソールズベリに家臣や陪臣たちを集めて彼らに忠誠を誓わせた。そのような矢先にロベールが再びフランス国王と手を結んでノルマンディに攻撃を仕掛けてきた。

一〇八七年九月、フランス国王との戦闘中に落馬事故に遭《あ》ったウィリアム1世はそれが原因で九日にルーアンで亡くなった。享年六〇。

ノルマン貴族の相続慣習では、祖先からの継承地は長男に継がせ、新たに獲得した土地は次三男以下で分割させることがこの頃までには一般的となっていたが、それはまだ確定的な法ではなかった。先に記したとおり、ウィリアム1世の場合にも、長男ロベールにノルマンディ、三男ギョームにイングランドを遺し、四男アンリには遺言で現金五〇〇〇ポンドを与えることに決めていた。それゆえ、父に従い大陸に遠征に来ていたギョームは急いでイングランドへと引き返し、九月二六日にはウェストミンスター修道院でカンタベリー大司教ランフランクの手により戴冠式を挙行した。

だが、このウィリアム2世（在位一〇八七〜一一〇〇年。いつも赤ら顔なので赤顔王《ルーファス》の異名で呼ばれた）の即位に兄ロベールが横槍《よこやり》を入れてきた。彼自身は、父の死後すぐにフィリップ1世に臣従礼《オマージュ》を行い、ノルマンディの領有を公式に認められたが、フランス王への臣従から自由でしかも豊かな穀物や鉱物資源を提供してくれるイングランドの王位は、公国を防衛する意味から、ロベールにとっても魅力的に映ったのであろう。

さらに、これまた「アングロ＝ノルマン王国」の呪縛ともいうべきか。海峡をまたいで所領を有する諸侯にとってみても、イングランドとノルマンディが敵対し合う二人の君主によって分割統治されているよりも、一人の君主によって支配されているほうが、忠誠宣誓・所領保持の双方の面から都合がよかったのである。

事実ウィリアム2世即位の翌年、一〇八八年には動揺をきたしたイングランド貴族が国王に対し叛乱を起こしていた。これを受けてウィリアム2世は翌八九年(さらに九一年にも)ノルマンディ遠征へと出かける。この兄弟喧嘩《げんか》に所領を相続できなかった末弟アンリも絡んできた。一〇九四年には兄弟三つ巴の闘争がノルマンディで生じ、こうした不安定な状況が翌九五年に再びイングランド貴族によるウィリアム2世への叛乱へとつながる。諸侯の不安を解消するためにも「アングロ＝ノルマン王国」は一人の指導者が治めねばならなかった。

ロベールの十字軍参加と赤顔王の急死

そのような矢先にヨーロッパ全体を揺るがす一大事が生じた。一〇九六年にローマ教皇ウルバヌス2世が、クレルモンでの宗教会議で聖地イェルサレムを異教徒イスラームの手から奪回すべきであると提唱した。世に言う第一回の十字軍結成である。ヨーロッパ中の主だった王侯が参加することになり、ノルマンディ公ロベールも中東へと出発することになった。ロベールの留守中、誰にノルマンディを預けるのか。

ロベールはまだ未婚で正式な世継ぎがいなかった。そこでいがみ合った仲ではあったが、弟のイングランド国王ウィリアム2世に当分の間ノルマンディを預けることにした。遠征は三年ぐらいで終えられるであろう。その三年間を一万マルク(一マルクは三分の二ポンドなので約六六〇〇ポンド)を支払い、弟に託したのである。

ウィリアム2世にとっても渡りに船であったろう。このまま兄の留守中にノルマンディ周辺で勢力を拡張して実績を積めば、ノルマン貴族たちも自分を公爵と認めてくれるかもしれないからだ。しかしことはそう簡単には運ばなかった。

一〇九九年、十字軍はイェルサレム王国を建国し、ロベールは翌一一〇〇年に意気揚々とノルマンディに引き揚げてくる。しかもフランス貴族の妃まで伴って帰ってきた。これで世継ぎでも生まれてしまえばウィリアム2世の出番はなくなる。

焦りを感じていたウィリアム2世は気を落ち着かせるためにも、大好きな狩猟に出かけた。父ウィリアム1世も狩猟が趣味で、イングランド国王になるや国王御料林《ロイヤル・フォレスト》を拡大し、ここで勝手に猟を行った者から厳しく罰金を取り立てていた。ウィリアム2世もイングランド南部（ハンプシャー）のニュー・フォレストで狩猟を楽しんだ。ところがその際、家臣の一人が放った矢があやまって国王を射抜いてしまい、ウィリアム2世は急死する。まだ四〇代前半にすぎなかった王の亡骸《なきがら》は、農作業用の荷車に乗せられて、近隣に住む農民の手でウィンチェスターへと運ばれた。

ウィリアム2世の評価は当時はあまり高くなかった。彼は父の征服王と同じく、賢人会議から意見を徴して慎重な政治を進め、非常に寛大な人物であったと言われる。彼を高く評価する年代記はいずれも世俗の作家がフランス語で書いたものである。ところが、中世イングランドでは「公式な」記録はすべて聖職者がラテン語で書いたものだった。ラテン語を自在に操れるのは当時は聖職者に限られていた。実はウィリアム2世は、政治にもいろいろと口を差し挟んでくる教会に嫌気がさしており、司教や修道院長に空席ができてもなかなか後任を任命しようとはせず、教会と仲が悪かった。

ウィリアム2世が亡くなったとき、彼は国王領からの収入の他に、三つの司教領と一二の大修道院領からも収入を得ていたとされる。彼は生涯結婚をすることもなく、これでまた口さがない者たちからは「男色の気がある」などとの噂《うわさ》を立てられたが、彼の遺骸《いがい》を運んだ農夫はウィンチェスター大聖堂の聖職者から葬儀を執り行うのを拒否されたとも伝えられている。いずれにせよあっけない最期であった。

ヘンリ1世即位とアングロ＝ノルマンの再統合

一一〇〇年八月二日にウィリアム2世がニュー・フォレストで急逝したとの報に接するや、これにいち早く反応したのが弟のアンリ（ヘンリ）であった。彼は、ノルマンディに若干の権益は有していたものの、四男の悲哀から君主になる道は半ば諦《あきら》めていた。そこに千載一遇のチャンスがおとずれたのである。兄が急死したとき、アンリはすぐ近くに居合わせていた。この当時は王が明確な世継ぎを残さずに他界したときには、現場にいる者がチャンスをつかむことが多い。彼はすぐさまウィンチェスターに置かれていた宝蔵室《トレジャリ》（国王の宝物や貨幣・機密文書などを保管）を押さえ、三日後の八月五日にはウェストミンスター修道院で戴冠式を挙行する。ヘンリ1世（在位一一〇〇〜三五年）の登場である。

ウィリアム2世が死亡した現場のすぐ近くにヘンリがたまたま居合わせたという偶然から、この事件はヘンリの陰謀によるものではないかとの風評が流れたことがある。しかし、確たる証拠は見つかっておらず、近年の研究でこの説は否定されている。

その数週間後、十字軍遠征から意気揚々とノルマンディに引き揚げてきた長兄ロベールは、ヘンリ1世の即位を聞いて激怒した。ロベールとウィリアム2世の間では、ともに未婚で世継ぎのいなかった時期に、双方に何かが起こった場合にはそれぞれの所領を継承するという申し合わせがあったようである。それを、末弟の身分でありながらイングランド王を名乗るとは身の程知らずとロベールの目には映ったのであろう。

当のイングランドでも意見は分かれていた。多くはヘンリ1世を支持し、王冠を被せた教会もヘンリの王位を認めていたが、有力者のなかにはロベールの継承を唱える者もいた。そこでヘンリ1世は自らの立場を強化するために、スコットランド王マルコム3世の娘イーディスと即位の三ヵ月後（一一月）に結婚する。彼女はエドワード証聖王の甥で「ノルマン征服」後も王位継承権を訴えていたエドガー・アゼリングの姪《めい》にあたった。「エドワード証聖王の法」を守り、アングロ・サクソン系貴族を味方に付け、さらにスコットランドとの北部国境地帯の安全を確保する点からも、この結婚は大きな意味を持った。

しかし翌一一〇一年の七月、ロベールは軍勢を引き連れてポーツマスに上陸した。ここでロベールとヘンリ1世は、武力に訴える前にまずは協議に入り、最終的にはヘンリ1世が年三〇〇〇マルク（二〇〇〇ポンド）をロベールに支払い、ノルマンディへの野心を放棄すると誓うことで、ヘンリ1世のイングランド領有が認められることになった。

とはいえこの取り決めで、再びイングランドとノルマンディが別の支配者によって統治されることになった。双方に所領を有する貴族たちは動揺をきたし、一一〇一～〇二年にイングランドでまたもや諸侯の叛乱が勃発した。無事に叛乱を鎮圧したヘンリ1世は、アングロ＝ノルマン王国の再統合を決意する。

こののち、ノルマンディ西部やメーヌ、ブルターニュの有力貴族らを買収し、一一〇六年九月のタンシュブレーの戦いでヘンリ1世は兄のロベールに勝利を収め、ついにノルマンディ公を兼ねることに成功した。

この戦いで捕虜となったロベールは、こののち二八年間にわたって弟の虜囚として過ごし、一一三四年二月にウェールズのカーディフ城で八一年の生涯を閉じることになる。

イングランド統治構造の確立

アングロ＝ノルマン王国が一人の君主によって統治されるのは、ヘンリ1世の父ウィリアム1世の死から実に二〇年ぶりのことであった。しかしそれはまた、海峡をまたいだ王国の統治という難行をヘンリ1世が克服しなければならないことをも意味していた。

ヘンリ1世はすでに戴冠式での憲章《チャーター》で祖法を守ることを言明しており、その後、イネやアルフレッド、アゼルスタンやカヌートといった諸王たちが残した法典の編纂もさせている。同時に、兄ウィリアム2世が家臣たちに財政的負担を強いていた知行付帯義務を極力緩和していく。さらに、自身の留守中にイングランドの行財政を任せることのできる組織の拡充にも努めた。

まずは王の支出を管理する宮廷財務室《チェインバー》である。これは国王に常に随行して家政を取り仕切る宮内府《ハウスホールド》の中枢的存在となる。次に、王の名の下に発せられる重要文書の起案作成を担う尚書部《チャンセリ》も形成されていく。当時の公式文書はラテン語であり、すでに述べたとおり、この時代にラテン語の読み書き能力を独占していたのが聖職者であった。尚書部は国王の私的礼拝堂付きの司祭で占められ、その監督者が高位聖職者が務める尚書部長官《チャンセラー》である。長官は国璽《グレート・シール》を保管し、重要文書に捺印《なついん》して関係部署へと送った。

そしてヘンリ1世が兄の死を受けて、イングランド国王に即位する過程でまず押さえたことからも理解できるとおり、国王の宝物・貨幣・機密文書を管理する宝蔵室《トレジャリ》も重要な組織であった。イングランドとノルマンディの双方に設置され、イングランドではウィンチェスターに宝蔵室長《トレジャラー》の管理の下に置かれていた。

さらに宮廷財務室が国王の支出を管理したのに対して、収入を管理する部署として形作られたのが財務府《エクスチェッカー》である。全国の王領地から集められた貨幣を卓上に敷かれた格子縞《チェッカー》の布の上で算盤《そろばん》代わりに勘定することからこの名が付けられた。国王がイングランドに不在のとき、行政の最高責任者である行政長官《チーフ・ジャスティシア》の管轄下に置かれ、財政はもとより、裁判・行政なども広く担当した。また国王が長期にわたって不在の場合には、行政長官、尚書部長官、宝蔵室長らが財務府に年二回は集まってイングランドの行財政について話し合った。

ヘンリ1世の年収はおよそ二万から二万五〇〇〇ポンドの間であり、一一一〇年代からは宮廷財務記録《パイプ・ロール》も財務府によって作成されるようになった。

またヘンリ1世の時代から本格的に始動したのが巡回裁判であった。ヘンリ1世の父ウィリアム1世の時代から、王が信頼を寄せる家臣を地方に派遣して裁判を行うという習慣はあった。ヘンリ1世はこれを定期化・恒常化させた。数年に一度は王領地の経営状況を視察させると同時に、未解決の刑事訴訟（国王専管訴訟《プリー・オヴ・ザ・クラウン》とも呼ばれた）を裁かせた。

こうして海峡をまたいだ「アングロ＝ノルマン王国」を統治するためにヘンリ1世時代に形成された行政・財政・司法のあり方は、このののちイングランド統治構造の基盤となり、おかげでヘンリ1世は一一〇六年に兄ロベールを放逐して以降は、その治世の半分以上をノルマンディで過ごせるようになったのである。

御曹司ウィリアムの悲劇

このようにきわめて有能な統治者であり、強い指導力を示すことのできたヘンリ1世ではあったが、治世の大半は内憂外患の連続であった。その原因は後継者問題にもあった。

即位して三ヵ月後に結婚したイーディスとの間には四人の子どもが生まれたが、このうち成人まで達することができたのは息子のウィリアムと娘のマティルダだけであった。他方でヘンリ1世には実は私生児がたくさんいた。そのうちの八人は、スコットランド王アレクサンダー1世に嫁いだシビラをはじめ、フランス各地の諸侯と結婚し、ヘンリ1世が同盟網を形成するための貴重な存在となってくれていた。

ところが、このような同盟網を作ってもヘンリ1世の基盤は固まらなかった。フランス国王ルイ6世がアングロ＝ノルマン王国の拡大に懸念を感じていたからである。彼はヘンリ1世の勢力が大きくなりすぎないように、彼を正式なノルマンディ公には認めていなかった。それどころか、ヘンリ1世が追い落とした兄ロベールの息子であるギョーム・クリトを正式なノルマンディ公として擁立しようとする。このためヘンリ1世とルイ6世は周辺の有力貴族であるアンジュー伯やフランドル伯を自陣に引き寄せようと暗躍した。

ヘンリ1世とルイ6世（およびギョーム・クリト）との戦闘は、周辺の諸侯を巻き込んで、一一〇九年から一進一退を繰り広げていった。両者の衝突が始まってから一〇年を経た一一一九年に、ヘンリ1世は長子ウィリアムとアンジュー伯の長女マティルダとの結婚を進める一方、同年八月のブレミュールの戦いでルイ6世とギョーム・クリトの軍を敗退させる。ついにルイ6世はウィリアムからの臣従礼《オマージュ》を認め、ウィリアムは正式なノルマンディの後継者となった。すでにウィリアムは一一一五年にノルマンディ貴族から、翌一六年にはイングランド貴族からそれぞれ臣従礼を受けており、ここにアングロ＝ノルマン王国は安泰であるかに思われた。

ところがそれも束の間の安息にすぎなかった。ウィリアムがルイ6世に臣従礼を行った翌年の一一二〇年一一月二五日のこと。彼やノルマンディの貴顕らを乗せた船が、バルフルールの港を出てイングランドへと向かう途中、海難事故に遭ったのである。ウィリアムは二〇歳にもならずに命を落とした。父ヘンリ1世は大いに落胆し、生涯二度と笑うことはなかったという。

「皇妃」マティルダの登場

しかしヘンリ1世は、いつまでも息子の死を悲しんでもいられなかった。これを機にギョーム・クリトを再びノルマンディ公に擁立する動きが出てきたのである。ヘンリ1世は、ギヨーム・クリトの父ロベールを追い落とし、フランス王ルイ6世との数々の死闘の末につかんだアングロ＝ノルマン王国をむざむざと手放すつもりはなかった。息子の死から二ヵ月後の一一二一年一月、すでに三年前に王妃イーディスに先立たれていたヘンリ1世は再婚を決意する。相手はルーヴァン伯（ブラバント公）の娘アデライザ。まだ一八歳で、ヘンリ1世の娘マティルダより一歳年下だった。ヘンリ1世はすでに五三歳になろうとしていた。残念ながら二人の間に子どもはできなかった。

ヘンリ1世にとって唯一の頼みの綱となったのが娘マティルダである。七歳のときに神聖ローマ皇帝ハインリヒ5世との結婚が決まり、一一一〇年からドイツに滞在していた彼女は、夫との間に世継ぎを残すことなく、一一二五年には二三歳で寡婦となっていた。そのマティルダを父ヘンリ1世はイングランドに呼び戻したのである。まずは一一二六年のクリスマスに、グロウスターで有力貴族と祝祭を開いたヘンリ1世は、彼らにマティルダへの継承を認めさせた。

そして翌一一二七年一月、ヘンリ1世は再び有力貴族を多数集めて会合を開き、ここで彼らに娘マティルダを自身の後継者として受け入れることを承諾させた。そのなかには、ヘンリ1世の亡妻イーディスの腹違いの弟でスコットランド王デイヴィッド1世や、ヘンリ1世の甥（姉の息子）でブロワ・シャルトル伯の子息エティエンヌ（スティーヴン）、さらにはヘンリ1世の庶子グロウスター伯ロバートなどがいた。

この翌年、一一二八年六月にマティルダ（イングランドでは「皇妃《エンプレス》」と呼ばれていた）は世継ぎを残す目的からも再婚した。亡夫ハインリヒは彼女より二一歳年上であったが、今度の夫は逆にマティルダより一二歳年下だった。アンジュー伯ジョフロワである。当時まだ一四歳の少年だった。年齢や性格の違いからも、当初この結婚は危ぶまれたが、五年後の一一三三年三月に二人は待望の世継ぎに恵まれた。長男アンリ（ヘンリ）の誕生である。これで祖父ヘンリ1世も少しは安心できた。

「少しは」というのは、マティルダの夫ジョフロワを当主とするアンジュー伯家は長年の宿敵で、隣国のノルマンディでの自らの支配権を固めようと、アンジューとノルマンディとの間にある城塞《じょうさい》支配権をめぐって義父ヘンリ1世と衝突を引き起こしていたからである。日頃からヘンリ1世に忠誠を誓うイングランドの有力貴族は、アングロ＝ノルマン王国がかつての宿敵アンジュー伯の手に落ちるのを我慢できない者たちが大勢いた。

しかし、ヘンリ1世にはもはや強敵はいなかった。長子ウィリアムの急逝により再びノルマンディ公に擁立されかかったギョーム・クリトは、ヘンリ1世がマティルダを後継者に指名した一一二七年にまたもやルイ6世の「陰謀」により、フランデレン伯に叙されていた（彼の祖母がフランデレン伯家の出身だった）。しかし、マティルダがジョフロワと再婚した数週間後の二八年七月に、戦場での傷が原因で突然この世を去っていたからである。

老王となったヘンリ1世は、せめて同じ名前の孫が成人に達するまで生きていたかったのであろうが、その夢はかなわなかった。孫が二歳のとき、一一三五年一二月一日に六七歳で天寿を全うした。ルーアンで執り行われた葬儀には二万人以上が参列したと言われている。

ブーローニュ伯の上陸——スティーヴンの即位

三五年の長きにわたりイングランドを統治してきたヘンリ1世が、ノルマンディの首都ルーアンで死の床にあるとの情報は、北部フランス諸国にも伝わっていた。ここで素早く動いたのが、モルタン・ブーローニュ伯エティエンヌである。彼の母アデラが老王の姉にあたり、しばしばイングランドを訪れては叔父の宮廷で親しまれた存在だった。イングランドとは目と鼻の先にある所領ブーローニュに滞在中であったエティエンヌは、ヘンリ1世の訃報に接するや、地の利を生かしてわずか一日でイングランド南東岸に上陸した。彼はすぐさまロンドンに入城し、イングランドの有力者たちからの支持を取りつけた。

ノルマン王朝時代の肖像画　左上から右へ，ウィリアム1世，ウィリアム2世，左下から右へ，ヘンリ1世，スティーヴン

　次いで宝蔵室《トレジャリ》のあるウィンチェスターに急行したエティエンヌは、同地の司教から大歓迎を受けるとともに、宝蔵室も押さえることに成功する。このウィンチェスター司教こそが、ほかならぬ実弟ヘンリだった。このヘンリの後押しのおか

げで、イングランドの教会の主要人物の多くがエティエンヌの王位継承を容認した。最高位にあるカンタベリー大司教（コルベイユのウィリアム）もかつてマティルダの王位継承を認めたのはヘンリ1世からの強要によるものだったと前言を撤回し、エティエンヌの王位を公式に認めた。

イングランド貴族の間には、すでに述べたようなアンジュー伯による「アングロ＝ノルマン王国乗っ取り」への警戒感が強かっただけではなく、継承者マティルダに対する反感も根強かった。彼女は気性が激しく、イングランドの有力者たちからも嫌われていたのだ。また八歳にしてドイツへと赴き、一五年にわたってイングランドから離れていたという、イングランド貴族たちにとって馴染みの薄い存在だったことも災いしたのかもしれない。

こうして一一三五年一二月二二日、エティエンヌは「スティーヴン（英語名）」としてイングランド国王に即位し、ウェストミンスター修道院でカンタベリー大司教の司式により戴冠する。父ヘンリ1世の臨終にあたり、娘マティルダがいつまでもアンジューに留《とど》まり、すぐに動かなかったのが仇《あだ》となった。スティーヴン（在位一一三五～五四年）は、いまは亡き叔父ヘンリ1世が兄ウィリアム2世の急死を受けて素早く動き王位を継承したのと同じパターンで王位を手に入れてしまったのである。

この動きはイングランドだけにとどまらなかった。スティーヴンの王位継承がイングランドで認められたと聞くや、ノルマンディの諸侯も次々とスティーヴンの側になびいた。これまでも指摘してきたように、アングロ＝ノルマン王国の諸侯たちは両国が異なる支配者によって統治されるのを好まなかったのである。さらに、もし別の者に忠誠でも誓おうものなら、イングランドの土地は没収されてしまったからである。

二〇年にわたる内乱へ

しかしこれで黙っているマティルダではなかった。彼女は先王の唯一生き残った子どもであるという「血統」を根拠に、イングランドとノルマンディの女性君主《レイディ》への即位を申し立てた。一方のスティーヴンは有力貴族（賢人会議）による「推挙」を根拠にアングロ＝ノルマン王国の君主の座を主張していた。すでに第1章（21頁）でも見たが、賢人会議は王からの相談に与《あずか》るだけではなく、先王と次王との間で王位継承がスムースに進むように調整する力も備えていたのである。

ただしスティーヴンにも論争上の弱点はあった。彼は一一二六、二七年と二度にわたってマティルダの王位継承をヘンリ1世の面前で誓っていたのである。宣誓の破棄は、この当時では背信行為にあたり、教会裁判所に訴えることもできた。しかし、実弟がウィンチェスター司教ヘンリであることに加え、スティーヴンは即位にあたり、教会の諸権利や自由権を認めるとの見返りを約束していたのである。彼らイングランドの高位聖職者たちからの圧力もあり、ローマ教皇庁はマティルダの訴えを退けていた。こうなるとマティルダは力ずくで王位を奪回するしかなかった。

スティーヴンは優れた司令官であり、勇敢な騎士でもあった。だが自らの才を過信してしまっていた。また、長年フランス北部の片田舎で生活していた彼には、「アングロ＝ノルマン王国の君主」になることの意味が理解できていなかった。海峡をまたいだ王国を支配するためには、イングランドの各地を巡回することはもとより、ノルマンディにも足繁く通い、ノルマン貴族たちと親交を重ねることも大切だった。かつてウィリアム1世は、二〇年（一〇六七〜八七年）の間に英仏海峡を九回往復して王国の統治に努めた。ところがスティーヴンはその一九年にわたる在位期間のうち、イングランドからノルマンディを訪れたのは即位して二年後（一一三七年）のわずか一度きりであった。

このためノルマンディの有力諸侯らの忠誠心も急速にスティーヴンから離れていった。さらに帰国したスティーヴンを待ち受けていたのが、一度は彼に忠誠を誓った亡きヘンリ1世の庶子で有力貴族の一人グロウスター伯ロバートの裏切りである。ロバートが腹違いの姉マティルダの側につくと、それまでウェールズ辺境で若干の蜂起《ほうき》しか見られていなかったイングランドに激しい闘争が生じていく。北部ではスコットランド王デイヴィッド1世が姪（腹違いの姉の娘）マティルダへの加勢と称しながら、ノーサンブリアを手に入れてしまった。

ここに、こののち二〇年近くにわたって続くことになる内乱が勃発《ぼっぱつ》した。

皇妃と王妃の抗争——二人のマティルダ

海峡をまたいだアングロ＝ノルマン王国の双方で火の手が上がった。ノルマンディではすでに有力諸侯の多くがマティルダの夫でアンジュー伯のジョフロワの側についていた。ジョフロワはイングランドにはまったく関心を示さず、その生涯でも一度として訪れた形跡はない。彼は妻マティルダをイングランドに送り出して、自身はノルマンディをくまなく遠征し（一一四一〜四四年）、ついには諸侯に忠誠を誓わせるとともに、フランス国王ルイ7世からノルマンディ公として認められるに至っていた。

一方のマティルダは、一一四一年二月にリンカンの戦いで勝利を収めると同時に、スティーヴンを捕虜にすることにも成功した。これで一挙にスティーヴンの名声が地に墜ち、マティルダは「イングランド並びにノルマンディの女性君主《レディ》」としてウェストミンスター修道院で戴冠式を挙行しようと進軍した。ところが彼女の入場は反対派勢力によって阻まれてしまう。これを先導したのがスティーヴンの王妃マティルダであった。

彼女の母メアリは由緒ある家柄であった（先王ヘンリ1世の最初の妃イーディスの妹であり、スコットランド王マルコム3世の娘にしてエドワード・アゼリング〈イングランド王エドマンド2世の長子〉の孫娘）。

王妃マティルダは、夫が捕虜にされた後もひるむことなく、スティーヴン派の諸侯を集め、夫が捕らえられた七ヵ月後の一一四一年九月の戦闘で、皇妃マティルダの異母弟であるグロウスター伯ロバートを捕らえることに成功したのである。スティーヴンとロバートは交換されるかたちでそれぞれ釈放される。皇妃マティルダの戴冠式をウェストミンスター修道院で正式に執り行うことがかなわないなか、内乱は新たな段階を迎えることとなった。

イングランドで両派が一進一退を繰り返すうちに、いつしかこの戦いは「皇妃《エンプレス》」マティルダと「王妃《クイーン》」マティルダとの争いという様相を呈するようになっていた。

終息――皇妃マティルダから息子アンリへ

こののちもイングランドでは抗争が続いた。しかし、一一四七年一〇月に皇妃マティルダ派の頭領グロウスター伯ロバートがブリストルで急死すると、強力な後ろ盾を失った彼女は急速に戦意を喪失していく。ロバートの死からわずか四ヵ月後、翌四八年二月に皇妃マティルダは大陸へと向かい、二度とイングランドに戻ってくることはなかった。

ただし戦闘が終わったわけではない。皇紀マティルダが大陸に引き揚げた後は、後継者アンリが一一四九年からイングランドでの戦闘に加わることになったからである。一六歳に成長していたアンリは、この年に父ジョフロワからノルマンディ公を譲り渡された。さらに二年後の一一五一年には、フランス国王ルイ7世の御前に赴き、ノルマンディ公として初めて臣従礼《オマージュ》を行い、正式にその称号を認められることになった。祖父ヘンリ1世も自ら国王に臣従礼を行ったことはなく、跡取りのウィリアム王子が継承者として認めてもらうためにフランス国王に臣従を誓った程度であった。

この直後の一一五一年九月、息子の成長を見届けて安心したように、ジョフロワは急逝した。アンリはアンジュー伯もここに継承した。さらにこの翌年の一一五二年三月、ルイ7世が王妃アリエノールと離婚し、五月にはそのアリエノールがアンリと結婚する運びとなった。彼女はフランス南西部に拡がる広大なアキテーヌ公領の相続人であり、彼女より一一歳年下でまだ一九歳にすぎなかったアンリは、ノルマンディ、アンジュー、アキテーヌという巨大な領土を有するフランス最大の領主になってしまったのである。

これに警戒感を強めたのがアリエノールを離縁したルイ7世だった。彼は一一五二年夏に周辺の有力諸侯を誘って、アンリ包囲網を築く。アンリはフランスの西側とイングランドという四つの局面で同時に戦闘を覚悟せねばならなくなった。弱冠一九の彼にとってそれは神の与えた試練とも言うべきものであった。

しかし神はアンリに味方した。彼がアリエノールと結婚する二週間前（一一五二年五月）に宿敵ともいえる王妃マティルダが急死していた。自らを虜囚の身から解放してくれた女傑ともいうべき妻の死に、スティーヴンは悲嘆に暮れたという。さらに彼に追い打ちをかけたのが、後継者ユスタスの突然の死であった。

アンリより六歳年上で、スティーヴン派の指導者として期待されたユスタス王子は、父の画策でアンリがノルマンディ公に認められた直後に、イングランドの次期国王としての戴冠を強行しようとしたが、時のカンタベリー大司教セオバルドにより阻止されていた。それから二年後におとずれたユスタスの突然の死（一一五三年八月）で、傷心のスティーヴンの心も決まった。これ以上の戦闘はもう意味がない。スティーヴンには、ユスタスの下にもう一人ウィリアムという息子がいたが、彼には父や兄のような野心はなかったのだ。

ユスタスの死から四ヵ月後、一一五三年一二月にスティーヴンとアンリの間にウェストミンスター条約（この前の一一月にもウィンチェスター条約）が締結された。ここで①スティーヴンは終生国王の座にとどまる。②アンリが後継のイングランド国王に収まり、③ウィリアムは父スティーヴンの大陸での所領を引き継ぐこと、が決まった。ヘンリ1世の死から実に一八年の歳月が流れていた。

内乱終息の翌年、一一五四年一〇月にスティーヴン王は亡くなった。その亡骸は、彼自身が建立に携わり、愛する妻と息子が眠るイングランド東南部のファヴァシャム修道院に厳かに葬られた。

内乱が残したもの――女性統治への疑問

一一三五年から五三年まで一八年に及んだ内乱に巻き込まれたとはいえ、両派の戦闘は局地的なものに限られ、イングランドの大半は直接的に関わってはいなかった。しかし、スティーヴン派も皇妃マティルダ派も、自陣に有力者を引き込もうと、諸侯らに所領や城塞を気前よく与えすぎてしまっていた。内乱が終結する頃には、有力諸侯のなかには城塞建設と戦争続行を名目として、自身の保有農や近隣の者に対してさえ賦役労働と貨幣徴収を実施するような者まで現れた。

スティーヴンの治世には、諸侯が二分してしまったこともあり、それまでのような国王と賢人会議（この頃までには評議会《カウンシル》も別途に召集された）との話し合いの場が設けられることも少なくなり、強大化した諸侯らの圧力を受けるかたちで、国王裁判所は小地主や農民らの利益を守ることが難しくなっていた。

これに加えて、イングランドの内乱状態につけ込んだスコットランド王がノーサンブリアなど北部に侵攻し、ここを占領している状態も続いていた。こうした暗澹《あんたん》たる状況を打開する事業は、スティーヴンの死により王位を継承した次代の若き指導者に託されることとなる。

そしてもうひとつ、内乱がイングランドに残してしまった問題があった。

本来はもっと短期間で終息してもおかしくはなかった内乱が、二〇年近くにもわたって続く原因となったのは、一一四一年前半にスティーヴンを捕らえるというせっかくの勝利の機会を維持できず、その後一二年も泥沼の抗争を続けた皇妃マティルダの責任でもあった。それは、彼女には内乱を全面的に終結できるだけの支持勢力が欠けていたからである。また、彼女は有力者との会議を重用せず、その気性の激しい性格のため先述したように諸侯からも嫌われていた。

この皇妃マティルダの失政は「女性ではこの国の君主は務まらない」という観念を、イングランド諸侯の脳裏に深く浸透させる契機となった。それが四〇〇年後にテューダー王朝の諸王にとっての足枷《あしかせ》として働く原因となったのかもしれない（第6章を参照）。

コラム2

ウェストミンスター

イギリス議会政治の代名詞ともいうべき「ウェストミンスター」は、エセルベルフト王の甥でエセックス王サベルトにより七世紀初頭にロンドンの「西の大聖堂《ウェスト・ミンスター》」として基礎が築かれた。ここに、より規模の大きい修道院《アビー》が建設されるのは、エドワード証聖王の晩年、一〇六五年一二月のことである。翌年一月、証聖王は亡くなりここに葬られた。「ノルマン征服」を経てウィリアム征服王がこの修道院で戴冠式を行って以来、歴代三九人の王たちがここで王冠を戴いてきた。戴冠できなかったのは、叔父リチャードに排斥《はいせき》されたヨーク王朝のエドワード5世（第5章174頁）と「王冠を賭《か》けた恋」で退位したウィンザー王朝のエドワード8世（下・第11章159頁）の二人だけである。修道院は、ヘンリ3世によって大規模な改修工事が行われ（一二四五～七二年）、王権の殿堂となった。

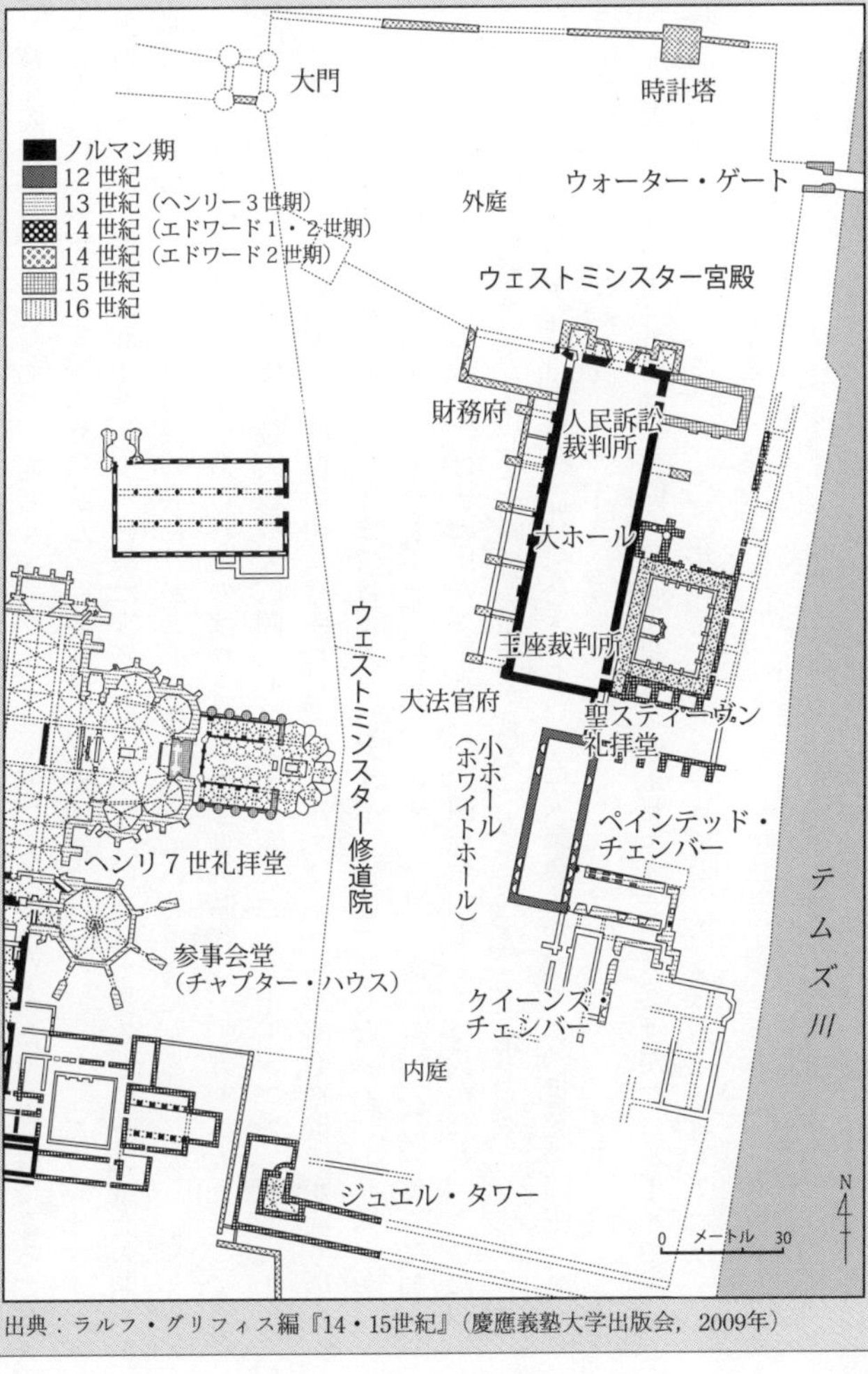

出典：ラルフ・グリフィス編『14・15世紀』（慶應義塾大学出版会，2009年）

修道院に隣接するかたちで、同じくエドワード証聖王によって造られたのが宮殿《パレス》である。もともとはベネディクト派の修道院だったのを証聖王が改築させ、一五一二年にテューダー王朝のヘンリ8世がホワイトホール宮殿に宮廷を移すまでは、宮廷であると同時に議会の開催場所でもあった。これ以後は議会だけがこの建物を占めていくことになる。

宮殿と修道院の間にホールが造られたのはウィリアム2世の時代（一〇九七～九九年）である。当時のヨーロッパでも最大級の大広間（七二メートル×二〇メートル）で、リチャード2世時代（一四世紀末）に屋根が造り直された。ホールでは王たちが宴会や儀式を繰り広げたが、一二世紀末から一八八二年までは反逆者に対する「法廷」にもなった。トマス・モア（一五三五年）やアン・ブーリン（一五三六年）、ガイ・フォークス（一六〇六年）に加え、ピューリタン革命の直後にはチャールズ1世（一六四九年）もここで裁かれた。さらに、ジョージ4世の絢爛《けんらん》豪華な戴冠式の晩餐《ばんさん》会が開かれる一方で（一八二一年）、グラッドストン（一八九八年）、チャーチル（一九六五年）といった大議会政治家や二〇世紀の国王たちの棺が正装安置《ライイング・イン・ステート》される場所にもなった。

そして二〇一二年三月には、在位六〇周年記念《ダイヤモンド・ジュビリー》を迎えたエリザベス2世がこのホールで議員たちに演説を行っている。一〇〇〇年の時を隔てた今日でも「ウェストミンスター」は、イギリスの国政の中心地なのである。

第3章 アンジュー帝国の光と影——消えないフランスへの野心

西ヨーロッパ最大の領主の誕生

皇妃マティルダ派とスティーヴン派がアングロ＝ノルマン王国を二分して一八年にわたって続いた内乱が終息し、一一五四年一二月、アンジュー伯ジョフロワと皇妃マティルダとの息子アンリが、カンタベリー大司教セオバルドの司式によりウェストミンスター修道院で華やかに戴冠式を挙行した。ヘンリ2世（在位一一五四～八九年）の誕生である。同時に戴冠するはずであった王妃アリエノールは折しも懐妊中で（翌五五年二月に王子ヘンリを出産）、四年後の一一五八年のクリスマスにウースター大聖堂であらためて王妃《クィーン》の冠を戴くことになる。

曽祖父ウィリアム1世の登場以来、アングロ＝ノルマン王国の継承には必ず戦乱が伴ってきたが、ヘンリ2世はもめることなく王位に即《つ》いた。スティーヴンの長子ユスタスの死で有力な対抗馬がいなかったことと、母マティルダの血筋からアルフレッド大王にまで遡《さかのぼ》れるアングロ・サクソンの正統な後継者として誰もが認める存在だったからである。

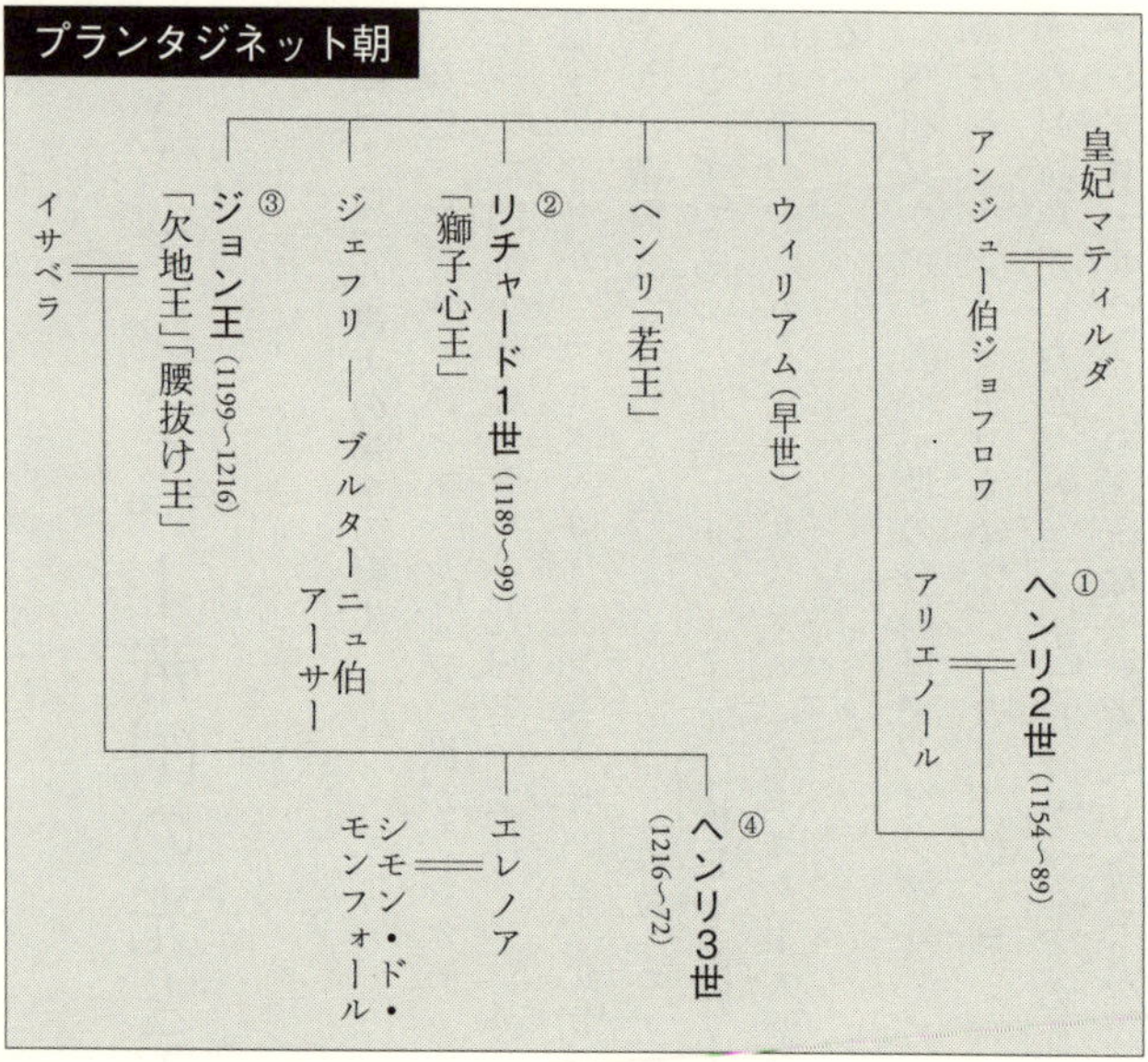

そればかりではない。ヘンリ2世の登場によって、いまやイングランド国王が支配する領域は曽祖父のウィリアム1世や祖父ヘンリ1世のアングロ＝ノルマン王国だけではなく、父ジョフロワから継承したアンジュー、そして妻アリエノールの相続地アキテーヌと、現在のフランスの西半分にまで及んでいた。それはスコットランドとの国《くに》境《ざかい》からピレネー山脈にまで至る「アンジュー帝国」と呼ばれる広大な領域であり、その富は神聖ローマ皇帝をも凌駕《りょうが》し、大陸でヘンリ2世が臣従礼《オマージュ》を行うフランス国王でさえ霞《かす》んでしまう、強大な存在であった。

　ここにヘンリ2世は西欧でも最強の支配者として登場することになったの

である。とはいえ、それは今日言われるような「帝国《エンパイア》」とは程遠いものであった。ヘンリ2世が治める一〇以上の領国にはそれぞれの支配秩序・慣習・貨幣制度が存在し、彼にはそれを一つにまとめるだけの力は備わっていなかったからだ。ヘンリ2世は各々の領国の現状を維持し、各地をこまめに巡回しながら統治を進めていかなければならなかったのである。

領土と王権の回復——臣従強要と遠征

プランタジネット王朝（アンジュー家の家紋「エニシダ《プランタ・ジェネスタ》」からこうも呼ばれる）の開祖で二一歳の若き王ヘンリ2世がまず取り組んだのは、内乱中に侵食されたイングランド領の回復であった。

皇妃マティルダとスティーヴンがイングランド王位をめぐって争っている隙に、スコットランド王デイヴィッド1世は姪のマティルダを支援するという名目で、カンバーランド、ウエストモーランド、ノーサンブリアといった北部の土地を次々と占領していた。だが、ヘンリ2世が国王に即く前年（一一五三年）にデイヴィッド1世が亡くなり、まだ一二歳の孫マルコム4世が後を継ぐと、スコットランドの政治的・軍事的立場は弱まっていた。

ここにヘンリ2世は幼いマルコム4世に圧力をかけ、彼の祖父が奪った土地を返還させただけではなく、一一五七年にはマルコム4世に与えた北部イングランドの土地の領有について臣従礼を行わせるため、彼をイングランドに呼びつけた。ヘンリ2世の側はスコットランドでの領有地についていっさい臣従礼は行わず、二人の間の実力の差を見せつける格好となった。

ヘンリ2世にとってより厄介だったのは西のウェールズだった。内乱の最中に勢力を拡張したオウェイン・グウィネッズは、ヘンリ2世に従うつもりはなかった。マルコム4世を屈服させた直後の一一五七年から、ヘンリ2世はウェールズ遠征に乗り出すが、ゲリラ戦と夏の豪雨とに悩まされ、八年にわたった遠征もあまり成果を挙げられなかった。

対するオウェイン・グウィネッズは「フランス人（ヘンリ2世のこと）の支配を打倒する」と全ウェールズの諸侯に訴え、自ら「ウェールズ大公《プリンス・オヴ・ウェールズ》」と称してヘンリ2世に対抗してきた。遠征がひとまず終結した一一六五年以降になると、ヘンリ2世はウェールズ諸侯に対してこれまでとはうって変わって穏健な態度で接していくこととなる。

さらにヘンリ2世は、即位の翌年頃からアイルランド遠征も計画していたが、ウェールズに足をすくわれていたこともあり、実現したのは一一六九年になってからのことであった。当初は辺境の諸侯に戦闘を任せていたが、一一七一～七二年には王自らが遠征に赴いて支配地を拡張し、七五年からはアイルランドで有力な王に対して与えられていた「上王《ハイ・キング》」という称号で呼ばれるようになった。歴史家ジョン・ギリンガムも指摘するように、ヘンリ2世は「情け容赦のない拡張主義者」であった。

ヘンリ2世がさらに回復しようと努めたのが、これまた内乱中に侵食されたイングランド

アンジュー帝国

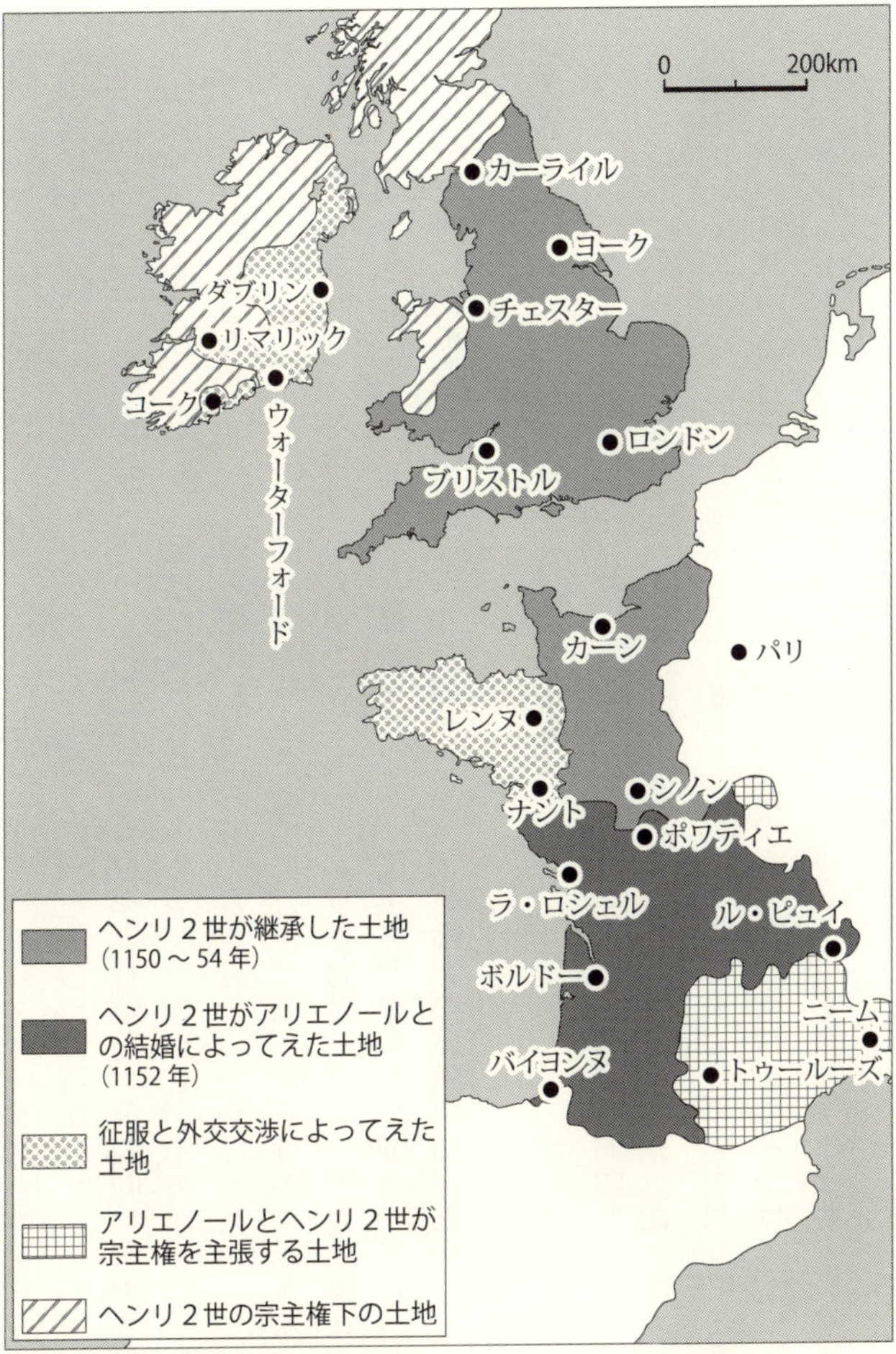

出典：Nicholas Vincent, *Magna Carta*, Oxford, 2012を基に著者作成

の王権であった。第2章の最後（64頁）にも記したとおり、皇妃マティルダもスティーヴンも、有力諸侯を自陣に引きつけようとかなりの土地や権利を彼らにばらまいていたが、おかげで州《シャイア》の財政・司法・治安維持を統轄する州長官《シェリフ》などの地方官職が、この間に有力貴族の支配下に入ってしまった。ヘンリ2世はこれら官職のいくつかを廃止し、中央からの州長官に対する監視を強化するとともに、地方住民に対する有力貴族らの圧政を抑えた。

また、スティーヴンの時代には巡回裁判も停止されていたが、国王裁判権の復活を狙うヘンリ2世はこれも再開し、陪臣以下の人々の訴えも国王が受け付けられるような体制に引き戻していった。こうして家臣たちの引き締めを強化し、国王裁判権も再び強まっていったなかで、ヘンリ2世が対峙せざるを得なかったのが、教会裁判権との確執であった。

カンタベリー大司教ベケットとの対立、そして暗殺

広大なアンジュー帝国を統轄しなければならなかったヘンリ2世は、各領国での統治を安定化させるためにも、ローマ教皇庁とは協調路線を進めていた。自らの王子とフランス王女との結婚を許可してもらうためにも（一一六〇年）、ヘンリ2世は教皇庁に礼を尽くし、教皇アレクサンデル3世とも良好な関係を築いていた。その教皇から支持を取りつけて、一一六二年六月、イングランド教会の首座司教であるカンタベリー大司教にヘンリ2世が任命したのがトマス・ベケットであった。

前章でも見たが（63〜64頁）、内乱の最中にスティーヴンが長子ユスタスをイングランド王の継承者として戴冠式を強行しようとしたとき、司式を断ったカンタベリー大司教セオバルドの腹心がベケットである。そのセオバルドから王冠を被せてもらったのがヘンリ2世であった。有能なベケットはヘンリ2世の政治上での片腕として尚書部長官《チャンセラー》に任じられていたが、さらに宗教上での最高位であるカンタベリー大司教にも任命され、ヘンリ2世のイングランド統治にとっては不可欠の存在となっていた。

ところが皮肉なことに、大司教に就いた翌一一六三年秋から、ベケットとヘンリ2世は深刻な対立を抱えることになっていく。ウェストミンスターで諸侯大会議を開催したヘンリ2世は、犯罪を犯した在俗聖職者（修道会に属していない者）を誰が裁くのかについて、大司教と衝突した。ヘンリ2世の見解ではまず教会法廷が裁き、有罪の場合には世俗の法廷に引き渡してあらためて裁判を行うべきと考えた。これに教会裁判権の優位を訴えるベケットが反対したのだ。両者の対立は、翌一一六四年一月にイングランド南部のクラレンドン宮で開催された評議会へと持ち越される。

最終的にはこのときに編纂された「クラレンドン法」により、世俗法《コモン・ロー》（イングランド古来からの慣習法）が教会法に優越し、犯罪を犯した在俗聖職者は世俗の法廷でも裁かれ、さらに国王の司教叙任権、王権の教皇権に対する優越、教皇庁への上訴の禁止などが規定されるに至った。

このときはベケットが大幅な譲歩を迫られたが、野心家のベケットはこれで引き下がったわけではない。同年秋にヘンリ2世はウェールズ遠征のための臨時課税を教会にも要請したが、ベケットはこれを拒絶しただけではなく、聖職者を世俗法廷で裁くことにあらためて異議を唱えたのである。

だがこれにヘンリ2世は激怒する。国王の逆鱗《げきりん》に触れたベケットは、この直後にローマ教皇庁に亡命した。その後、彼の不在中に、ヘンリ2世は自身の世継ぎを確実にするために次男ヘンリ（長男ウィリアムは幼少時に死去）の戴冠式を一一七〇年六月にウェストミンスター修道院で執り行った。これを聞きつけたベケットは、同年一二月にイングランドに戻り、戴冠式を司式した聖職者らに破門を宣告する。この措置に激高したヘンリ2世の心中を慮《おもんぱか》った側近の騎士四名が、一二月二九日にカンタベリーの大聖堂内でベケットを暗殺するという大事件にまで発展した。

それまでヘンリ2世と良好な関係を保っていた教皇アレクサンデル3世も、一一七三年二月にベケットを聖人に列し、「殉教者ベケット」を崇敬する巡礼者を次々とカンタベリーへと送り込んだのである。これにはさしものヘンリ2世も屈せざるを得ず、翌七四年にベケットの墓前で贖罪《しょくざい》を行うとともに、七六年には教皇と協定を締結し、教会裁判権への譲歩を約束することになった。

「諸侯よ、助言を与えたまえ」

このように、アンジュー帝国の盟主であるヘンリ2世の心は安まることがなかった。彼はその治世（三四年八ヵ月）のうち、ブリテン島（及びアイルランド）に滞在していたのは一二年一〇ヵ月にすぎなかった。残りの二一年一〇ヵ月はフランス各地で統治にあたっており、そのなかでノルマンディにいたのは一四年八ヵ月にも及んだ。アンジュー帝国はセーヌ、ロワール、ガロンヌといった川で結ばれ、学問や芸術（特に文学・建築・音楽）に繁栄をもたらしただけではなく、アキテーヌのワインやアンジューの塩はイングランドの毛織物とも交換される貴重な財源となった。

とはいえ、カペー家のフランス王家をはじめとする敵に、四方を囲まれたヘンリ2世は、帝国防衛のためにより莫大《ばくだい》な富を必要とした。財務府《エクスチェッカー》の統計によれば、ヘンリ2世の年収は三四年間の平均で一万八〇〇〇ポンドほどであった。しかしこれでも帝国防衛を賄うには程遠い。そこで彼が頼ったのが、アングロ・サクソン時代以来の賢人会議《ウィテナイエモート》であり評議会《カウンシル》であった。それまでキリスト教の行事ごとに各地で開かれる習慣にあったこれらの会議も、ヘンリ2世がイングランドに不在であることが多くなり、大陸からの渡来が便利なロンドンやウェストミンスターで開催される頻度が増えていく。

またヘンリ2世の時代までには、これらの会議は「パルルマン」と呼ばれるようにもなっていた。フランス生まれのヘンリ2世は日常ではフランス語かラテン語を話し、英語は使わなかった。同じ「パルルマン」という呼称でも、フランス王国ではこれはのちに「高等法院」という司法機関を指す言葉に変容するが、イングランドではのちに「議会《パーラメント》」という主には立法を取り扱う機関を意味する用語となっていく。ヘンリ2世の直属封臣は、諮問に応じることと支援に駆けつけることが責務とされ、諮問はやがて責務から権利へと変わっていく。

ヘンリ2世自身、それまでのアングロ・サクソンの諸王はもとより、曽祖父のウィリアム1世や祖父ヘンリ1世も遵守《じゅんしゅ》してきた有力者たちへの諮問で政策を決定した。ヘンリ2世は重要な決定を行う場合には必ず「諸侯よ、助言を与えたまえ」と要請し、会議を開いて意見を聴取した。ヘンリ2世の治世では、帝国防衛の負担が急増した末期には、この会議でイングランド史上初めて「課税問題」について討議されることになる。

軍役代納金の本格的導入

ヘンリ2世の治世前半までは、デーン人の襲来（第1章）に端を発する全国的な土地課税であるゲルド税が財務府の収入の一〇％ほどを占め、ウィリアム2世の時代から顕著になった空席の司教領や司祭領からの収入などにも頼るようになったが、やがてヘンリ2世が効率的に遠征を行う手段として本格的に導入するようになったのが、軍役代納金《スキューテイジ》の制度であった。もともとこの制度は、戦役に加わるのを忌避する教会諸侯のために存在した。国王の直属封臣が軍役に就かない代わりに騎士一人につき年間一ポンドを支払うという制度である。

ヘンリ2世の時代ともなると、イングランドの騎士がはるか南のアキテーヌにまで遠征しなければならなくなる可能性も出てきた。それでは平時に四〇日、戦時に六〇日の従軍義務などでは到底足りない。むしろ現金で徴収して現地で兵を雇ったほうが効率的であり、ヘンリ2世はこの制度を世俗諸侯にも適用し始めたのである。

ヘンリ2世がイングランドに不在の間は、祖父ヘンリ1世の時代と同様に、行政長官が財務府を統轄し、司法・行政・財政を取り仕切った。大陸から帰国したヘンリ2世が立ち寄りやすいように、一一七二年から財務府はウェストミンスターに置かれるようになった。ここで全国の王領地からの収入やゲルド税、軍役代納金などの莫大な資金が管理されていたが、一一八〇年代になるとそれでも足りなくなっていたのである。このため、ヘンリ2世は有力者に対して、収入一ポンドにつき六ペンス（四〇分の一税）というイングランド史上初の直接税の一時的な導入を会議に諮った。

なぜヘンリ2世はそこまで金に窮していたのだろうか。

息子たちの叛乱

それは、曽祖父ウィリアム1世と同じく、家庭内の不和と国境紛争とにあった。ヘンリ2世は王妃アリエノールとの間に八人の子宝に恵まれた。三人の娘たちは、長女がザクセンのハインリヒ獅子《しし》公、次女が神聖ローマ皇帝フリードリヒ1世、三女がシチリア王グリエルモ2世にそれぞれ嫁がされ、アンジュー帝国の安定に寄与した。

残りの五人の息子のうち、すでに述べたとおり、長男ウィリアムは夭折《ようせつ》し、次男ヘンリが実質的な長子として父王の後を継ぐ存在となった。ヘンリはわずか五歳のときにはフランス国王ルイ7世の娘マルグリートとの結婚が決められ、一五歳に達した一一七〇年六月にイングランド王として戴冠式も行った。翌七一年のクリスマスには、今度はノルマンディで一一〇〇人の騎士たちを集めた大宴会が行われ、すでに一一六九年にルイ7世のもとで臣従礼《オマージュ》を行いノルマンディ公の継承も認められていたが、二年後には現地の有力諸侯にも忠誠を誓わせたのである。ここに「若《ヤング・キング》王」と呼ばれるようになったヘンリは、アンジュー、ノルマンディ、イングランドを継承することになる。

それに続く三男リチャードには母アリエノールの実家アキテーヌが、四男ジェフリにはヘンリ2世がのちに獲得したブルターニュがそれぞれ与えられたが、五男のジョンには与える領土がなく、父ヘンリは「土地なしの子《ラックランド》」とジョンを哀れんだとされる。このようにヘンリ2世は生前からすでに息子たちの継承地を決めておいた。

ところが実際に各領国の統治は、相変わらずヘンリ2世自身によって担われ続けていた。それはウィリアム1世が、長子ロベールにノルマンディを託すと称しながら、実権を握り続けていたがために、フランス国王や諸侯たちから焚《た》きつけられたロベールの叛乱に遭遇したのと同じ運命をたどることになる。

一一七三年春に、ヘンリ2世が突然「土地なし」の五男ジョンにアンジューの一部を与えると言い出し、若王は父に叛旗を翻した。これに王妃アリエノールと三男リチャード、四男ジェフリが荷担し始めたのに加え、ルイ7世や周辺の有力フランス諸侯、さらにスコットランドのウィリアム獅子王まで若王の側についた。

ヘンリ2世の反撃と死

しかし百戦錬磨のヘンリ2世の反撃は素早かった。翌年までには、若王はじめ息子たち全員が屈服し、王妃アリエノールはこののち一一八四年まで幽閉生活を余儀なくされる。とはいえこれはヘンリ2世を悩ませた叛乱の序曲にすぎなかった。一一八〇年に当時まだ一五歳とはいえ野心家のフランス国王フィリップ2世が即位すると、彼はアンジュー帝国内のお家騒動に目をつけ、若王や四男のブルターニュ伯ジェフリと事あるごとに手を組み、ヘンリ2世を苦しめていった。

また、若王（一一八三年）とジェフリ（一一八六年）が相次いでこの世を去ると、ヘンリ老王は「土地なし」のジョンのためにアキテーヌを与えるよう、いまや筆頭の相続人となった三男リチャードに要求するが、リチャードはこれを拒否した。

一一八九年、リチャードはフィリップ2世と手を組んで父王に襲いかかる。健康状態の思わしくなかった王は苦戦を強いられた。しかも一番可愛《かわい》がっていた五男ジョンまでがリチャード側について父に弓を引いてきたとの報に接した。失意の老王は七月六日、フランス中部（アンジュー）のシノン城で息を引き取った。享年五六。最後まで波瀾《はらん》に富んだ人生であった。

獅子心王の即位と「帝国」の動揺

世継ぎのいなかった若王と父王の相次ぐ死により、広大なアンジュー帝国を引き継いだのがリチャード1世（在位一一八九～九九年）である。

父王の死から二ヵ月後の一一八九年九月にウェストミンスター修道院で戴冠式を行ったリチャード1世ではあったが、彼の目はイングランドではなく、遠く離れたイェルサレムへと向けられていた。この二年前の一一八七年一一月に、中東（シリア・エジプトなど）の覇者サラディンにより聖地イェルサレムが攻略されていた。聖地奪回を名目に、イングランドではヘンリ2世が俗に「サラディン一〇分の一税《タイス》」と呼ばれる直接税を諸侯に要請し、およそ七万ポンドもの資金を集めていた。しかしヘンリ2世は「野蛮なウェールズやスコットランドからイングランドを守るほうが先決」と考え、十字軍に加わる気はまったくなかった。

リチャード1世は違った。彼はキリスト教的な騎士道精神を重んずる人物で、武勇にも優れた才を見せていた。即位するやすぐさま彼は第三回十字軍への参加を表明し、翌年の七月にはフランス国王フィリップ2世らと遠征に出かけた。フィリップが三ヵ月ほど滞在したのちに帰国してしまったのとは異なり、リチャードはねばり強く戦い続けた。イェルサレム奪回はならなかったが、善戦を重ね、一一九二年九月にはサラディンと和平を結んでいる。

ところがそのプライドの高さが災いした。戦闘中にオーストリア公レオポルトと対立し、帰国途上でレオポルトの奸計《かんけい》にはまったリチャード1世は捕縛され、そのまま神聖ローマ皇帝ハインリヒ6世に引き渡されて、虜囚の身とされてしまったのである。皇帝がイングランドに提示した身代金は一〇万ポンドにのぼった。当時の王国の年間経常収入の三倍近くにも及ぶ巨額である。このため一一九四年には四分の一税という空前の率の直接税が諸侯に課せられ、同年二月には一〇万マルク（一回目に支払う額で全体の三分の二に相当）を皇帝に送ることで、一年二ヵ月に及んだ虜囚生活から王は解放されることになった。このときのイングランド諸侯の負担はかなり重かった。

しかし国王はイングランドに帰国してわずか二ヵ月で再び大陸に出てしまう。リチャード1世捕縛の報に接したフィリップ2世が、この隙にノルマンディの大半とヴェクサン、トゥレーヌなどを占領していたのである。しかも末弟のジョンまでこれに荷担していた。軍事の天才リチャード1世はすぐさま反撃に出た。巧みな外交手腕にも助けられ、一一九八年までには失われた土地のほとんどを奪回し、ジョンも兄王に許しを請うた。ところが翌九九年の四月、戦闘中の傷が原因で、リチャード1世はあっけなく四一年の生涯を閉じてしまう。

恐れ知らずの武勇から「獅子心王《クール・ド・リオン》」の異名も取ったリチャード1世はヨーロッパ全土に

その名を轟かせた王ではあった。しかし彼は最後までイングランド国王になりきれなかった。オックスフォードで生まれたにもかかわらず、日常会話はフランス語であり英語を話さず、一五歳でアキテーヌ公に叙せられてからは人生の大半をフランスで過ごした。一〇年に及んだ在位でイングランドに滞在したのはわずか五ヵ月ほどである。それはイェルサレムへの遠征やドイツでの虜囚生活より短かった。

この間のイングランドの行財政はカンタベリー大司教で行政長官ヒューバート・ウォルターらに託されたが、相次ぐ戦争や莫大な身代金などで経済的な負担が増え、期せずしてアンジュー帝国の崩壊を速めていたのである。また王妃ベレンガリア（スペイン北東部ナバーラ王国の王女）は一度としてイングランドの地を踏むこともなく、また二人の間に世継ぎは誕生しなかった。

五男ジョンの登場

嫡子のいなかった獅子心王の後継者をめぐっては、アンジュー帝国内でも意見が分かれていた。血統的にはリチャードの長弟ジェフリの遺児でブルターニュ伯アーサーが伯父の後を継ぐべきであった。アンジュー、メーヌ、トゥレーヌの諸侯たちは彼を推したが、アーサーはまだ一二歳の少年だった。イングランドとノルマンディの諸侯たちは獅子心王の末弟ジョン（三一歳）を支持した。こうしてリチャード1世の死の翌月、一一九九年五月にジョン王

（在位一一九九～一二一六年）がウェストミンスター修道院で戴冠する。

　こののちもアーサーを擁立する側とジョンとの抗争が続き、一二〇〇年までにはアーサーは排斥され、ブルターニュまで含めたアンジュー帝国のすべてがジョンの支配下となる。しかしそのためにジョンは、同年五月にフランス国王フィリップ2世と条約を結び、ヴェクサンとエヴルーを彼に割譲して、フランスでの支配権を確保した。さらに同年八月、世継ぎのできなかった前妻と別れ、ジョンはアングレーム（アキテーヌ中央部）伯家のイサベラと再婚した。しかし彼女はまだ幼すぎ（八歳ぐらいだったと言われる）たこともあり、この結婚は家臣たちからは不評だった。そればかりかすでにいたイサベラの婚約者がこの結婚を不当とし、フィリップ2世に訴えてきた。ジョンはフランス国王法廷に召喚を受けたが出廷せず、ここにフィリップ2世とジョンとの対立が表面化する。

ジョン（在位1199～1216）　残忍で強欲な「悪王」のイメージが強いが，実際のジョンはユーモアのセンスにあふれ，慈悲深く寛容な人物であったとも言われている

　フィリップ2世は旧友ジェフリの遺児アーサーを支持する側に回り、一二〇二年にアーサーは叔父であるジョンに対して蜂起

したが、七月にはミラボーの戦いでジョン軍に惨敗し逮捕される。その後、一二〇三年四月にアーサーは死体で発見された。ジョンの命令で殺害されたとも、幽閉されていたルーアン城の塔の上から飛び降り自殺をしたとも言われている。アーサーの死をめぐってフィリップ2世は再びジョンを召喚しようとするが、ジョンはまたもや出廷を拒否した。ついに一二〇三年一二月、ジョンがイングランドに帰国したのを見計らって、フィリップ2世はノルマンディ、アンジュー、メーヌ、トゥレーヌ、ポワトゥーへと侵攻を開始した。

ノルマンディ諸侯の離反と「腰抜け王」

ジョンは各地の諸侯らに反抗を促したが、彼らは次々とフィリップ2世の軍門に降《くだ》っていく。アンジュー、メーヌ、トゥレーヌの諸侯らはもともとアーサーを後継者に推していたので仕方なかったとしても、自らを公《デュク》に擁立したノルマンディの諸侯らはなぜジョンに従わなかったのだろうか。

実は一二世紀末までの間に、「アングロ＝ノルマン王国」にも変化がおとずれていたのである。この頃までに、海峡をまたいで所領を有するアングロ＝ノルマン諸侯も、それぞれ本家と分家に分かれるようなかたちで棲《す》み分けが始まっていた。英仏双方の土地に利害を有する諸侯は激減していたのである。

またノルマンディ「公国」自体も決して一枚岩の国家などではなかった。フランス国王領に接する東部国境地帯は、もともと国王からの影響力を最も強く受けていた。メーヌやブルターニュに接する南部国境地帯では有力諸侯らの力が他の地域より強く、これまでのノルマンディ公ともしばしば衝突を繰り返していた。さらに北西部や中央部の諸侯も一一九〇年代までにはノルマンディ公と同時にフランス国王にも忠誠を示す者が多くなっていた。こうして一二〇三年にフィリップ2世が侵攻したときにも、彼はさしたる抵抗も受けずに、ノルマン貴族たちから忠誠を誓われたのだった。

一二〇四年三月には、リチャード1世がヴェクサンに築いたガイヤール城も落とされた。六月にはノルマンディ全体がフィリップ2世の軍門に降り、ジョンが大陸に保有する領土はロワール川以南と南西部ガスコーニュだけになっていた。リチャード1世はかつて末弟ジョンを評して、「かなり深刻な叛乱が生じた場合にはこれを制圧できるだけの人物ではない」と予見していたが、そのとおりの結果となってしまった。フィリップ2世が「尊厳王《オーギュスト》」と呼ばれるようになっていたのに対し、ジョンは「アングレーム伯女の誘拐犯」「甥の殺害者」に加え、「ノルマンディの喪失者」の汚名まで着せられた。その異名もいつしか「欠地王《ラックランド》」から「腰抜け王《ソフト・スウォード》」にまで転落していた。

ローマ教皇との対決——ジョンの破門

ジョンはすぐさま反撃に出ようとした。しかし、フィリップ尊厳王の次に彼の前に立ちはだかったのが、史上最強のローマ教皇とも呼ばれるインノケンティウス3世であった。彼は教皇権の王権に対する優位を主張し、一二〇〇年には離婚問題で尊厳王に破門を宣告するほどの強面《こわもて》でもあった。そのような教皇の逆鱗に触れるような事態がジョンにもおとずれたのだ。原因はカンタベリー大司教の叙任権をめぐる闘争であった。

ジョンがノルマンディを失った翌年の一二〇五年七月、亡兄リチャード1世の腹心であり、彼自身の戴冠式も行ってくれたウォルター大司教が死去した。そこでインノケンティウス3世は自らの側近であるスティーヴン・ラングトンを後任の大司教に推薦してきた。これにジョンは反対した。ラングトンがフランス王の下に長年いたことと、亡父ヘンリ2世がベケットと結んだ「クラレンドン法」(75頁)に定められた「国王に司教叙任権がある」という条項を理由に、教皇の推挙を拒否したのである。こののち国王と教皇との対立は深刻化し、ついに教皇は一二〇八年にイングランドとウェールズの聖務停止《インターディクト》を宣言する。これによって信者たちは神から祝福を受けられなくなった。

さらに翌一二〇九年には、インノケンティウス3世はジョンに破門を宣告した。これはジョンがいまやキリスト教徒ではなくむしろ神に逆らう存在であり、国外の王侯たちにはイングランド侵略の正当性を、国内の諸侯らにはジョン追討の正当性をそれぞれ認めることを意味した。イングランドの司教や司祭らは次々と大陸へと亡命する。ジョンはイスラームに改宗した、教皇が尊厳王に命じてイングランドを魔の手から救う十字軍を結成させた、といった噂まで飛び交った。

キリスト教支配下、ジョンの屈服

ジョンのほうは特に破門を恐れることもなく、むしろ聖務停止の間（一二〇八年三月～一四年七月）に当主が亡命した司教領や修道院領から巨額の地代収入をせしめることに喜びを見出していた。この六年間でジョンは一〇万マルク（六万六〇〇〇ポンド）以上を手にしたとされる。

この資金はもちろん、ノルマンディ奪回のための遠征費に充てようと考えていた。しかし最大の難関は、破門を宣告された君主に諸侯が付き従ってくれないことであった。当時は、イングランドに限らず、ヨーロッパ全体がキリスト教によって支配されていた。それは信仰の面だけではなく、政治や外交においてもである。たびたび指摘しているように、当時のヨーロッパ国際政治の共通語はラテン語であり、国内を統治する法令や公文書もすべてラテン語で書かれていた。ところが当時は王侯でさえ一部を除けばラテン語の読み書きができなかった。そこで領内の教会や修道院に頼んで聖職者にその読み書きを頼っていたのである。国家の最高機密は、まさに彼らに握られていた。

またこれまでの記述からもお気づきのとおり、行政長官や尚書部長官などはほとんどが高位聖職者で占められていた。その下で働く官吏もすべて聖職者だった。各国がこのようなキリスト教による政治支配から脱却していく一つの契機となるのは、各地に「大学」が造られ、そこで世俗の人々がラテン語の読み書きや法律を学ぶようになって以降である。イングランドにも、一二世紀までにはオックスフォードに、一三世紀初頭までにはケンブリッジに大学が創設され、政治や外交の中枢は次第に世俗の手に委《ゆだ》ねられていく。

フランス侵攻を目前に控えたジョンはついにインノケンティウス3世に屈服し、一二一三年五月にローマ教皇から遣わされた使者をドーヴァーで丁重に出迎え、その前に王冠を置いて跪《ひざまず》いた。さらに年に一〇〇〇マルクの寄進を行うことも約束して、ジョンの破門は解かれた。ここにラングトンが正式にカンタベリー大司教に叙任される。インノケンティウス3世は、ひとたびジョンが恭順を示せば、彼をイングランドの支配者として手厚く遇し、やがてイングランドの聖職諸侯が世俗諸侯らと王に叛旗を翻したときも、あくまでもジョンを支持する姿勢を示すことになる。

「在地化」した諸侯対「悪しき取り巻きたち」

こうしてローマ教皇庁との和解を果たしたジョンは、翌一二一四年に自ら兵を率いて、アキテーヌの北部ポワトゥーへと遠征に出かける。インノケンティウス3世から支持を取りつけただけではなく、神聖ローマ皇帝オットー4世やフランドル伯とも同盟を結んでいた。南北からフランス軍を挟み撃ちにした同盟軍ではあったが、七月にフィリップ2世はブーヴィーヌで勝利をつかんだ。ジョンはまたもや「腰抜け王」と呼ばれ、這々《ほうほう》の体《てい》でイングランドへと戻った。再び兵を集めてフランス遠征に乗り出そうとした「腰抜け王」に鉄槌《てっつい》を下したのは、今度はイングランドの諸侯だった。

一二〇四年に失った大陸の土地を奪回するため、ジョンはたびたび臨時の徴税を行い、諸侯に事前に相談することなく種々の徴収も強行した。金を搾り取るために御料林の規制も拡充していた。ブーヴィーヌでの敗北後も、ジョンは軍役代納金《スキューティジ》を諸侯らに要求した。父ヘンリ2世が導入したこの制度は課税ではなかったが、ジョンはこの制度を乱用した。ヘンリ2世（三四年間に八度）やリチャード1世（一〇年間に四度）が時折しか徴収しなかったのに対し、ジョンは一六年の治世で一一回も要求し、金額も倍増（騎士一人につき一ポンドから二ポンドへ）させていたのである。一二一四年の要求に北部諸侯は反発した。

すでにノルマンディでの諸侯の変化については記したが、イングランドでも諸侯の「在地化」は進んでいたのである。彼らにとって大陸の土地など、もうどうでもよかった。このため、ポワトゥーへの遠征にしてもほとんどの家臣が参加せず、それがまた敗因の一つにもなっていた。すでに一一七〇～八〇年代までに、イングランド貴族層の間では「英語」が第一言語となっており、フランスやウェールズの出身であっても英語を話す者がイングランド人とみなされるようになっていた。

ところがジョンの側近はみなフランス人だった。しかも彼らは英語など歯牙《しが》にもかけず、フランス語を公用語として使い続けていた。彼らの多くが一二〇四年以後にイングランドに資産（土地）も持たずに渡ってきた連中だった。元来がイングランド諸侯とも血縁などなく、王の宮廷に寄生し、土地を持たぬがゆえに課税もされず、責任感に乏しい「外国人」だったのだ。やがて彼らは「ジョンの悪しき取り巻きたち」と呼ばれ、諸侯から怨嗟《えんさ》の対象とされていく（次項「マグナ・カルタ」の第五〇条には彼らの罷免も盛り込まれる）。

マグナ・カルタ――イギリス国制の基本文書

一二一五年一月から王と諸侯との交渉が始まった。諸侯は祖法の遵守をジョンに要求した。すなわち、「エドワード証聖王の法」や「ヘンリ1世の戴冠憲章」を確認することである。ジョンは頑《かたく》なに拒んだ。ローマ教皇庁による仲裁もむなしく、両者は内戦に突入した。しかし劣勢を感じ取ったジョンは、諸侯軍が陣営を置いていたウィンザー近くのラニーミードで、「諸侯の要求事項」というかたちで出された文書を承認した。のちに「大憲章《マグナ・カルタ》」と呼ばれることになるイギリス国制の基本文書である。一二一五年六月一五日のことだった。

マグナ・カルタは、王による重税や財政的搾取を戒《いまし》め、諸侯らの助言のない軍役代納金や援助金を禁止すべきと訴え、ジョンの時代に厳しくなった御料林に関する規制の緩和も盛り込まれた（二年後に「御料林憲章」として独立する）。また課税が議論される場合には、諸侯はもとより、中小領主（騎士）や都市の代表からも広く意見を徴することも要請された。のちの世（二〇世紀）に全六三ヵ条に区分されるこの文書の内容を認めたジョンではあったが、すぐに破棄され、一二一五年八月から再び内戦が始まった。しかしその最中の一二一六年一〇月半ばにジョンは突然この世を去る。

一二一五年に諸侯からマグナ・カルタを突きつけられたジョンは、この時代において決して特異な存在ではなかった。彼の一〇年前（一二〇五年）にはカタルーニャ（スペイン）のペドロ１世が同じく有力諸侯から彼らの権利を認める憲章を押しつけられていたし、ジョンの五年後（一二二〇年）には神聖ローマ皇帝フリードリヒ２世が「聖界諸侯との取り決め」を結ばされ、さらにその二年後（一二二二年）にはハンガリーのアンドラーシュ２世が聖職者や小貴族らの権利を認める「金印勅書」の発布を強要させられている。一三世紀前半にはヨーロッパ全土でこのような王と諸侯との駆け引きが同時多発的に進行していた。

イギリスに憲法はないのか？

ここでイギリスの「憲法」について触れておきたい。

わが国でしばしば誤解されていることは、イギリスには文章化された憲法（成文憲法）がなく、「不文憲法」の典型的な国として理解されていることである。しかし誤解しているのはなにも現代の日本人に限らない。一九世紀フランスの政治思想家アレクシ・ド・トックヴィルでさえ「イングランドでは憲法は継続的に変化しているのかもしれない。ただし、憲法など実際には存在しないが」と述べているほどである。

一九世紀イギリスを代表する政治思想家ウォルター・バジョットは、当時のイギリスの政治体制に関する不朽の名著を、第二次選挙法改正が実現した年（一八六七年）に書いている。その名も『イギリス憲政論（*The English Constitution*）』。そもそも「コンスティテューション」という英語は、日本語では「憲法」と訳す場合が多いが、果たしてイギリスには「憲法」は存在するのか？

たしかに、世界最古の成文憲法などと呼ばれるアメリカ合衆国憲法（一七八七年制定）や日本国憲法のように、イギリスにはひとつにまとまった成典憲法はない。

しかし、実際にイギリスでは、一二一五年の「マグナ・カルタ」に始まり、一六二八年の「権利請願」や一六八九年の「権利章典」、一七〇一年の「王位継承法」（以上、下・第7章参照）、さらには一九一一年の「議会法」（下・第10章参照）など、統治体制にとっての基本原理として「憲法」とみなしうる重要な法律がある。もちろんそれらは「成文化」されている。慣習法《コモン・ロー》の国イギリスでは、歴史的にもこれら重要な法律の総体として「憲法」を捉えている。憲法学的に厳密に定義すれば、イギリスは「不成典憲法」の国ということになる。

そのイギリスにも「近代国家における最初の成文憲法」と呼ばれるものが存在した。清教徒革命後の共和政時代にクロムウェルらによって作成された「統治章典（一六五三年）」である（第7章）。ところが、合衆国憲法に先立つことおよそ一三〇年前に制定されたにもかかわらず、永続的かつ包括的な統治の枠組みを確立できなかったことから、統治章典は近代的な「憲法」とはみなされていない。

こうした事情からも、わが国のイギリス史学では、「コンスティテューション」の訳語には「国制」という日本語をあてることが多い。本書でも以下、「国制」という言葉を主に使用していく。

ヘンリ3世と議会政治の始まり

ジョンの死後も内戦は続いたが、一二一七年五月のリンカンの戦いと八月のドーヴァー海戦でジョンを失いながらも国王軍が勝利を収めると、前年一〇月に父の死を受けてわずか九歳で即位したヘンリ3世（在位一二一六～七二年）の王位が確定的なものとなった。

幼いヘンリ3世は、父の代から行政長官を務めるヒュバート・ド・バーグらの賢明な補佐のおかげで諸侯軍と和平を結ぶとともに、これ以後は「諸侯大会議」がイングランド政治で重要事項を決定していく機関として定着していくこととなる。

即位からの一〇年間だけで二五回の大会議が召集されたが、その極めつきとして一二二五年二月に大会議が開かれた。ここでは、マグナ・カルタと御料林憲章が再確認される見返りとして、王軍の遠征費や王の借財返済のために全階層に一五分の一税が課せられることも諸侯から了解された。出席者はカンタベリー大司教と司教一一人、大修道院長二〇人、伯《アール》九人、諸侯《バロン》二三人など六五人に及んだ。一二三〇年代半ばまでには、諸侯大会議は「パーラメント」と呼ばれるようになり、一二二五年の諸侯大会議こそ、のちの「議会《パーラメント》」の原型であった。

イングランド史上では、一二三五〜五七年の間に開かれた四六回の大会議を初期の議会として位置づけている。大陸の所領の大半を失い、国王がイングランドに滞在する機会が増えたことで議会も定着する。同じくヘンリでも、祖父ヘンリ2世は治世の六割は大陸にいたが、ヘンリ3世は五六年に及ぶ治世のうち海外にいたのは四年五ヵ月（八％）にすぎなかった。またアングロ＝ノルマン王国の時代には、ウェセックスとノルマンディを結ぶ経路において（ポーツマス経由での）ウィンチェスターは要衝となり得たが、ノルマンディを失ってからはロンドン対岸のウェストミンスターが政治的拠点となっていく。

ヘンリ３世（在位1216〜72）　戴冠式を描いた作品．即位当時はロンドン周辺が諸侯に占拠され，戴冠式はグロウスター大聖堂で行われた．1220年にウェストミンスター修道院であらためて戴冠

熱心なキリスト教徒であったヘンリ3世は、ウェセックス朝のエドワード証聖王を崇敬し（このため一二三九年に生まれた長子をエドワードと名付けた）、彼が建立したウェストミンスター修道院の再建を進めると同時に、ウェストミンスターこそが王朝の神殿、礼拝の中心地、宮殿、さらには政庁所在地を兼ねるようになっていた。それまでイングランド各地で開かれていた諸侯大会議は、ウェストミンスターで開催されるのが常とされ、前記の四六回の初期議会（一二三五～五七年）のうち実に三九回がここで開かれている。また時期的にも、クリスマスに開催されることはなくなり、一月（聖ヒラリー祭前後）、四月（復活祭《イースター》）、七月、一〇月（聖ミカエル祭《ミクルマス》前後）が定着していく。

初期議会を構成していたのは主には三つの勢力であった。まずは国王自身の側近たち。そして聖職諸侯（大司教・司教・大小修道院長）と世俗諸侯（伯・諸侯）。最後に各州からの騎士《ナイト》、各都市からの市民《バージェス》、下層聖職者（司祭など。彼らはのちに独自の集会を形成）などである。大司教や司教は平均して年収三〇〇〇ポンド、伯《アール》は一五〇〇ポンド、諸侯《バロン》は四〇〇～一〇〇〇ポンドほどで、五〇人から八〇人ほどが議会に出席した。騎士（最大でも年収二〇ポンド）は一二五四年の議会から各州二名ずつを代表として派遣するようになった。伯はイングランド全体の利害を、小諸侯や騎士は各州の利害を代表することが多い。

こうしてこののち八〇〇年にわたって続くイギリス議会政治の礎《いしずえ》が築かれることになる。

大陸への野心と諸侯との対立

イングランド政治の重要な舞台として議会《パーラメント》が定着し始めた頃、一二三二年にヘンリ3世は二五歳にして親政を開始した。しかしそれから一〇年ほどで国王は再び議会と衝突していくことになる。原因は父王と同じく大陸への野心であった。

ヘンリ3世は父の欠地王《ラックランド》が喪失した土地の奪回を図りたかった。一方のフランス国王ルイ9世も、ヘンリ3世がいまだ保有するガスコーニュにまで食指《しょくし》を伸ばしつつあった。ヘンリ3世は議会に諮って遠征費用を捻出《ねんしゅつ》しようとするが、ヘンリ2世の王妃アリエノールの実家であったアキテーヌにもともと利害を有していなかったイングランド諸侯は遠征に反対し、課税も拒否した。そのためヘンリ3世は軍役代納金や各種罰金、巡回裁判費の増額、ユダヤ人への課税、さらには借金までして、総額一一万六〇〇〇ポンドを集めてポワトゥー、ガスコーニュに遠征する（一二四二年）。

だが遠征は思うような成果を挙げられなかった。また初期議会において、ヘンリ3世が一〇回にわたって議会に諮った直接税の導入案はことごとく否決されていた。遠征の二年後、一二四四年秋にヘンリ3世は司教たちを前にこう訴えた。「余は諸卿《しょけい》の公にして王である。諸卿なくして余は生きられぬが、余なくしては諸卿も生きられぬ。諸卿の存続は余にかかっており、余の存続も諸卿にかかっておる。余が豊かになれば諸卿も豊かになり、余が貧しくなれば諸卿も貧しくなるのだ」。

一三世紀半ばのイングランドにおいて、王権と議会とが持ちつ持たれつの関係にあったことを如実に示している言葉である。聖職であれ、世俗であれ、諸侯たちも国王の存在が重要であることはわかっていたが、それでも課税には反対だった。さらにこの一〇年後にも厄介な問題が持ち上がった。

国王への覚書提出と大陸〝放棄〟

ヘンリ3世は一二三六年にプロヴァンス伯の娘エレノアと結婚し、二男三女の子宝に恵まれた。長男エドワードが自らの後を継承するとしても、「アンジュー帝国」の大半を失ったいまとなっては、次男エドマンドには何も残してやれない。エドマンドに父ジョンのような「土地なし」の悲哀を味わわせたくはない。そのような矢先の一二五二年、ローマ教皇インノケンティウス4世がヘンリ3世に打診してきた。シチリア国王にエドマンドを推挙したいと。熱心な信者でローマ教皇庁にも従順だったヘンリ3世はこれを受けることにした。

ところが当時のシチリアは、ローマ教皇と敵対する神聖ローマ皇帝フリードリヒ2世の私生児マンフレッドが支配していた。ヘンリ3世は教皇がマンフレッドとの抗争に使った巨額の軍資金（一三万五〇〇〇マルク）を肩代わりするとともに、今度はヘンリ自身がマンフレッドとの戦闘に乗り出さなければならない。シチリアに何の利害もなく、教皇と皇帝との確執に巻き込まれたくもないイングランド諸侯が簡単に課税に応じるはずもなかった。

国王と諸侯との衝突は一二五八年の議会でついに爆発した。この年の四月、教皇からの度重なる催促に負けて、ヘンリ3世はシチリア遠征費を捻出するために議会に課税を要請した。それまでの間、ヘンリ3世は議会に相談することなくいくつかの政策を進めたり、教会財産を侵食したり、父王と同じく外国人の取り巻きと勝手な統治を進め、諸侯らの不満は溜《た》まりに溜まっていた。ついに改革派の諸侯がオックスフォードで開かれた議会で国王に要求する覚書を作成した。指導者の一人は国王の妹エレノアの夫でレスター伯爵シモン・ド・モンフォールであった。ここで六月に作成された「オックスフォード条款《じょうかん》」により、諸侯による政策決定への関与、公正な裁判、法改正などが要望された。

ついで一二五九年一〇月には「ウェストミンスター条款」も作成され、国王の地方行政の進め方についても透明性が求められた。

この二ヵ月後の一二五九年一二月、前年にヘンリ3世とフランス国王ルイ9世の間で合意されていたパリ条約が批准された。ヘンリ3世がノルマンディやアンジューなど北西部フランスに対する権利を正式に放棄する見返りとして、ルイ9世はヘンリ3世をアキテーヌ公と認めてガスコーニュの領有を公式に承認するというものである。

これにより「アンジュー帝国」再建の夢は完全に潰《つい》えた。それは同時に、イングランド国王が（表面的ではあれ）もはや大陸への野心を捨て、以後はイングランド国内の政治により目を向けていくことをも意味していた。

シモン・ド・モンフォールの議会

先の「オックスフォード条款」では、議会を年に三回（一〇月、二月、六月）は開催するという要求も盛り込まれていた。改革派としてはそれと連動して大臣たちからなる国王評議会も開いて、議会と評議会を定期的な公共政策決定のための会合にしていきたかった。

その後、国王と改革派諸侯との駆け引きは一進一退を続け、一二六五年一月にシモン・ド・モンフォールを中心とした反国王派の有力者二三人が、多数の聖職者や各州から二名ずつの騎士、ヨークやロンドンなど各都市から二名ずつの市民を集めて議会を開催した。世に言う「シモン・ド・モンフォールの議会」である。すでに一二五八年の時点から、このように各州と各都市から二名ずつの代表が議会に招聘《しょうへい》を受けるようになっていたが、これが慣習として定着していくのが「シモン・ド・モンフォールの議会」以後となる。

すでに前年（一二六四年）五月のリュイスの戦いで国王軍に対し勝利を収めていたシモン・ド・モンフォールは、改革派の貴族らを政権の中枢に据えることに成功を収めたが、ウェールズ辺境地域で生じた叛乱を鎮圧せねばならず、またせっかく国王一族と側近とを捕縛したにもかかわらず、改革派内部の対立や自身の政権内での孤立にさいなまれていく。一二六五年八月には、虜囚生活からの脱出に成功した皇太子エドワードとイングランド西部のイーヴシャムで対戦したシモン・ド・モンフォールは戦死してしまう。

しかし彼の改革は決して無駄には終わらなかった。この議会に合わせて、イングランド全土にマグナ・カルタの複製が配布され、一連の衝突を終えて、ヘンリ3世自身も議会の重要性を再認識したからである。王権と議会の協調こそがイングランドの行財政や治安維持にとってきわめて大切であることが、中央・地方を問わず、あらためて人々に認められた。モンフォールの死から二年後（一二六七年一一月）には議会が再開され、さらに一二七〇年の議会では国王ヘンリ3世は久方ぶりに課税問題について諸侯らに諮問した。

ヘンリ3世最晩年の議会（一二七〇年一〇月〜七二年一一月）は六回召集され、聖ヒラリー祭（一月）、復活祭（四月）、聖ミカエル祭（一〇月）という、ヘンリ3世自身の初期議会に見られた伝統的な時期に開かれる慣習もここに回復した。そしてこの六度の議会はいずれもウェストミンスターで開催された。数々の闘争の末に多くの血が流されたものの、ここにヘンリ3世の治世に至ってイングランドに議会政治の萌芽《ほうが》が見えてきたのである。

コラム3

ジョンとマグナ・カルタ

ウィリアム征服王からエリザベス2世に至る四一人の歴代国王のなかで、ジョンは常に「ワースト1位」の存在であるといっても過言ではない。カンタベリー大司教の人事をめぐりローマ教皇庁と対立した時期が長かったためもあってか、ジョンが亡くなった直後に聖職者が記した年代記でも「悪王」としてヤリ玉にあがった。「無能で、嘘《うそ》つきで、戦《いくさ》に弱く、卑劣で、癇癪《かんしゃく》持ち」というのが同時代からの王の評判であった。さらに『ロビン・フッド』や『アイヴァンホー』などの英雄・騎士物語でも常に「悪役」として描かれ、「悪しき専制君主」としてのジョン像は二〇世紀半ばまで定着していく。

歴史学研究の上でも、ジョンの再評価が行われるようになったのは、一九七〇年代以降のことである。ウォレンは「誰もが彼を過小評価しているが、ジョンは優れた行政能力を備え、偉大な国王としての精神力にも恵まれていた」と評し、ターナーも「勤勉な行政家にして有能な人物、優れた武将であった」と高く評価する。特にターナーが第二次世界大戦後のアメリカ大統領ジョンソンやニクソンとジョンを比較しているあたりは興味深い。ジョンの評価

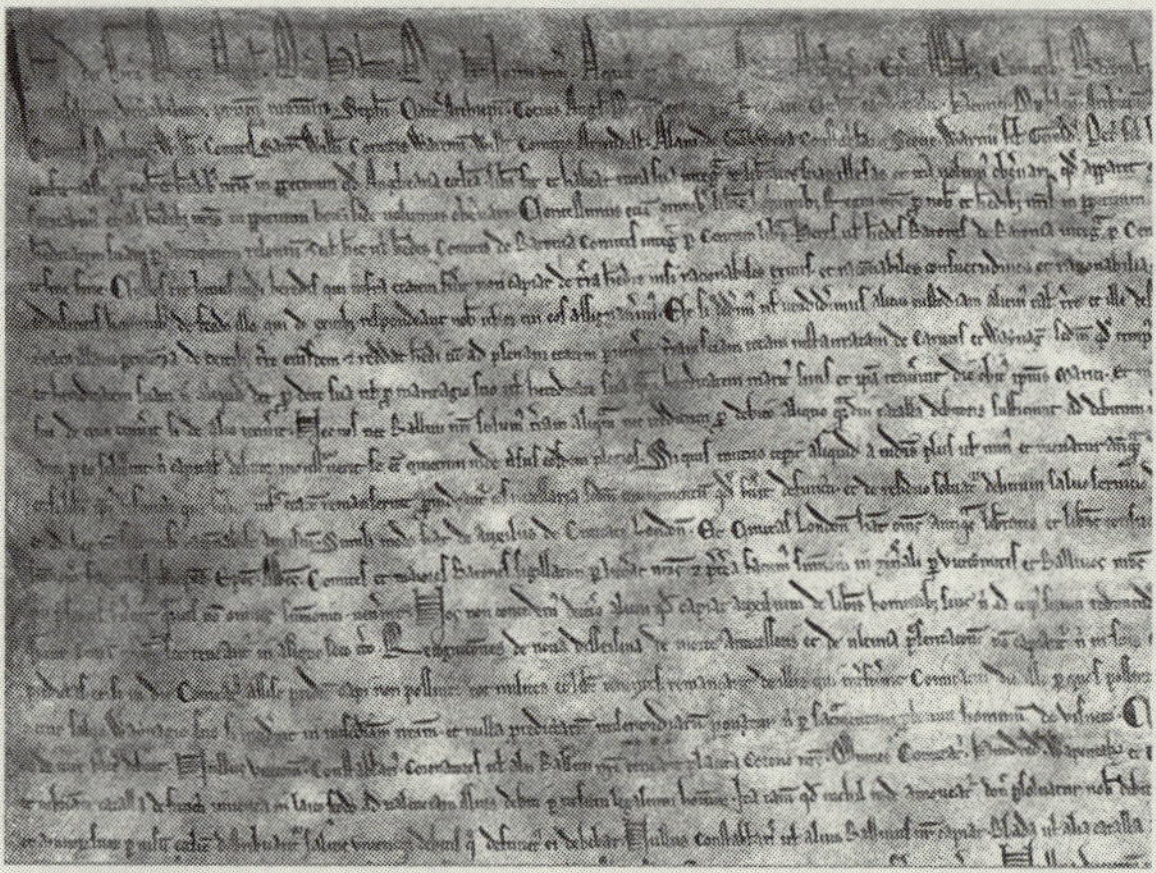
マグナ・カルタ

は定まりにくいが、彼が国王に即位した年（一一九九年）から尚書部《チャンセリ》が国王の日々の生活を事細かに記録するようになったのも、ジョンに対する手厳しい評価の理由である。彼は有能であったかもしれないが、家臣たちの裏切りを恐れ、猜疑《さいぎ》心が強かったようだ。

一方そのジョンに押しつけられたマグナ・カルタのほうは、作成された一二一五年から今日まで一貫して「不可侵の存在」として神聖視されてきた。それは専制君主から国民の自由を守るための試金石という位置づけで、議会政治の発達した一九世紀に特に「神話」となった（逆にこの時代にジョンの悪評もさらに定着した）。イングランドではジョン以後の王たちが必ずマグナ・カルタの内容を確認させられただけでなく、のちの「権利請願」や「権利章典」にも影響を与えた。そればかりか海を隔てた北アメリカに植民地が開拓された後にも、マサチューセッツ（一六二九年）からジョージア（一七三二年）に至る各地で憲章として採用された。現在でもアメリカ合衆国の最高裁判決では、マグナ・カルタは「個々人の財産の保護と共同体の権利を守る法」としてたびたび引用され、ヨーロッパでも各国（フランスやベルギーなど）でその精神が重んじられてきた。

八〇〇年の歳月を経て、ジョンとマグナ・カルタの双方に関する評価は、今後も大きくは変わらないかもしれない。

第4章 イングランド議会政治の確立——13〜14世紀

長脛王の登場と議会制の強化

「アンジュー帝国」が築かれた時代のイングランドは、ヘンリ2世晩年の政治的混乱に始まり、十字軍に邁進するリチャード1世の長期不在、そして「悪しき取り巻きたち」に囲まれたジョンの失態などが続き、一三世紀半ばのヘンリ3世時代までには「諸侯大会議《パーラメント》」が政治の諸事について国王から相談を受ける慣習が生まれていった。この慣習をイングランドにさらに定着させたのが、ヘンリ3世の長男で、身長が当時の平均を大きく上回っていたので「長脛《ロング・シャンクス》王」と呼ばれたエドワード1世（在位一二七二〜一三〇七年）である。

エドワードが父王の訃報（一二七二年一一月死去）に接したのは、第八回十字軍遠征からの帰路シチリア島に立ち寄っていたときのことである。これが「アングロ＝ノルマン王国」時代のことであれば、すぐにでもイングランドに戻らなければ弟や男性親族に王位を奪われていたであろうが、時代も状況も変わっていた。競合する相手がおらず、すでに三三歳で成熟していた彼はまずはパリへ直行し、フランス国王フィリップ3世に臣従礼《オマージュ》を行って大陸領土の支配を確保した。その上で父から引き継いだガスコーニュに赴き、ここで一年ほど政務を取り仕切った後で、一二七四年八月にイングランドへと優雅に帰国する。ウェストミンスター修道院で戴冠式が執り行われたのは八月一九日のことであった。

　青年期から父王と諸侯との対立を見てきた経験もあり、エドワード1世は議会を重視した。帰国後早々に、復活祭《イースター》と聖ミカエル祭《ミクルマス》前後の年に二回は必ず議会を召集し、「王国と国王にとっての共通の課題」について常に話し合うつもりであると諸侯に約束した。帰国の翌年（一二七五年）には、ウェストミンスター（第一）制定法により、ヘンリ3世時代から曖昧《あいまい》になっていた地方の行政官や判事の腐敗を徹底的に糾弾すると言明する。

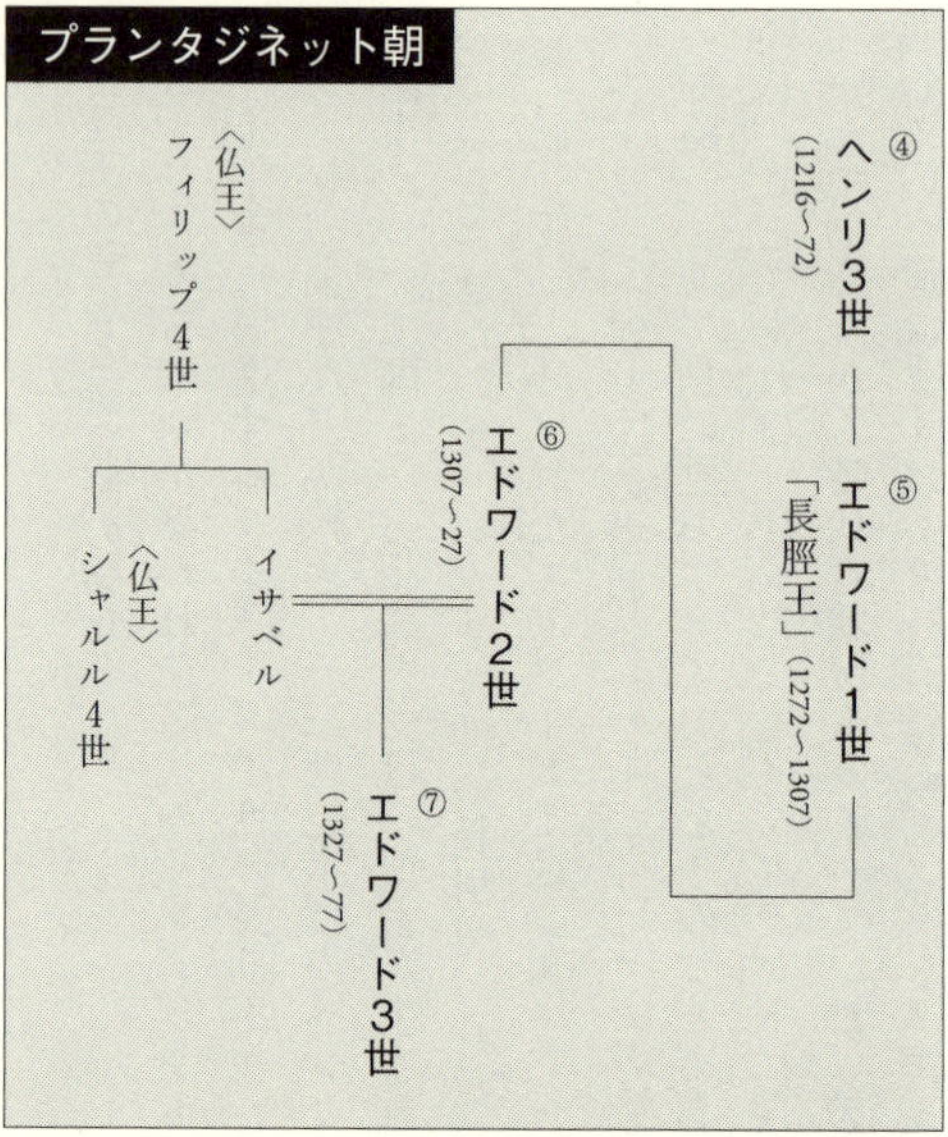

　エドワード1世の治世前半（一二七二～九四年）は、王権と議会の協調が最も強かった時

期でもあった。ローマ教皇庁から寄進を要求されても「議会との相談なしには決められない」と突っぱね、外国と講和を結ぶ際にも必ず議会に相談してから政策を進めた。治世前半に開催された議会は三〇回にのぼり、聖職諸侯が四〇～七〇人ほど、世俗諸侯が四〇～一〇〇人ほど、あとは騎士と都市市民も時折出席した。

この時代には議会は家臣らへの恩顧関係《パトロネージ》を喧伝《けんでん》する場にもなり、皇太子の騎士叙任や王女の婚礼に合わせて、数百人規模で騎士が叙される祝典もあった。エドワードは有力者や地方豪族を自らの周辺に招き入れるのに巧みな王であった。また騎士の大量叙任には、中世の騎士道という華やかな表面の影に、彼らを直接税の課税対象者にしていくという策略も込められていたのであろう。

エドワード1世時代の議会にはオックスフォードやケンブリッジで学んだ法律家たちも多数参入するようになり、後述するスコットランド王位継承問題などについて意見が徴された。

「税収」を求め続けた背景

しかし、エドワード1世がこれだけ議会を重用した背景には、彼が新たな「課税」を必要としたことが挙げられる。一五〇年ほど前のヘンリ1世の時代には、国王収入に占める王領地や巡回裁判費などからの上がりは八五%に及んだが、エドワード1世時代にそれは四〇%以下にまで落ち込んでいた。これは新たな「税収」で賄うしかない。父王の時代でも国王収入に占める税収は一三%で済んでいたが、エドワードの場合には五〇%を超えていたのである。祖父ジョンに突きつけられたマグナ・カルタの取り決め以来、議会（諸侯）への相談のない課税はあり得なくなっていた。このため課税に関する相談権を有する議会の発言力はエドワード1世時代に強まっていったのである。

エドワード1世（在位1272〜1307） 議会のなかで．エドワード1世が中央に座り，向かって左がスコットランド国王，右がウェールズ大公．実際にはこのような場面はなく，エドワードの権威を誇示した架空の絵

ではなぜ長脛王はそこまで金が必要だったのか。歴代の諸王と同じく戦争が原因である。後で詳しく述べるとおり、長脛王はブリテン島内部でその勢力を大幅に拡張しようとした狡《こう》猾《かつ》な野心家の王であった。一二七五年以来、彼はウェールズ、スコットランド、フランスとの戦争の前に、必ず議会に諮って直接税の課税を要請した。その場合には各州からの騎士や各都市からの市民代表も議会に呼ばれ、「課税と地方の代表権」というマグナ・カルタの取り決めが守られた。しかし直接税は緊急の場合にしか集められない。

そこでエドワード1世が目を付けたのが、当時ヨーロッパ北西部で需要が高まった羊毛への輸出関税だった。一二七五年にこの関税が導入されたときには年間八八〇〇ポンドほどの収入を国王にもたらしたが、その治世が終わろうとする頃には年一万三〇〇〇ポンド以上にも達していた。また、エドワード1世の時代ともなると、海外の大商人からの「信用貸し」にも頼るようになる。軍役代納金や特別賦課税などは徴収するにもトラブルを伴いがちである。こうした手間を省ける海外（特にイタリア）の金融商人からの借り入れも急上昇し、治世前半期だけで長脛王はイタリア中部のルッカに拠点を置くリッチャルディ家から総額四〇万ポンドも借りている。

行政府の整備——宮廷と国家の二重構造

エドワード1世が議会とともに重用したのが「国王評議会《キングズ・カウンシル》」であった。ヘンリ3世時代にはいまだ助言者の集団にすぎなかったこの組織は、エドワード1世時代の末期までには行政執行機関としての権能も備えるようになっていった。ヘンリ3世の親政開始直後に廃止された行政長官を除けば、尚書部長官や財務府長官など、これまでのイングランド政治に定着していた官職者が構成員であった。

これ以外にも、国王が特に任命した高位聖職者や有力諸侯が加わり、構成員的にも重なる人物の多い議会と国王評議会とが協力し合いながら政治を進めていけるように国王も腐心した。そのあたりは祖父や父とは異なり、外国人の「悪しき取り巻きたち」を重用しなかった、長脛王だからこそできる芸当であった。

エドワードがさらに充実させたのが宮内府行政機構《ハウスホールド》である。ヘンリ1世時代から続く、宮廷財務室や財務府に加え、エドワード1世が宮廷財務室から独立させて、それまで宝蔵室が担っていたような重要文書や貨幣の保存場所として重用したのが納戸部《ウォードローブ》であった。その名のとおり、もともとは王の衣類などを保管する部局であったが、議会や評議会に諮らずに国王個人の命令書を発行する権限まで備えるようになった。その命令書には、尚書部が保管する「国璽《グレート・シール》」とは異なる「玉璽《プリヴィ・シール》」が押され、この玉璽の保管も納戸部が担った。

エドワード1世時代には、このような宮廷と国家の二重構造が現れる。

「模範議会」をめぐる諸問題

議会を重用したエドワード1世ではあったが、その治世の後半(一二九四～一三〇七年)になると議会と衝突していく。直接の原因はフランスとの戦争の開始(一二九四年)にあった。後述するように、この時期はフランスとの戦争だけではなく、ウェールズでの叛乱(一二九五年)、スコットランドとの戦争(一二九五～九八年)も相次いで起こり、長脛王の家計は火の車となった。一二九四～九八年だけで軍事費は七五万ポンドに達したと言われているが、当時は通常の国王の財政が年間六万ポンド程度だった。封建的諸課税や羊毛関税だけではとても足りない。こうして開かれることになったのが俗に「模範議会《モデル・パーラメント》」と呼ばれるものである。

一二九五年一一月に召集されたこの議会には、聖職諸侯（大司教・司教・大小修道院長）と世俗諸侯（伯・諸侯）、各州から二名ずつの騎士、各都市から二名ずつの市民が参加し、これに聖職者会議（各教区を代表する者が参加）も合同するかたちで、まさに当時のイングランドの各界を代表する人々が一堂に会した。これがのちのイングランド議会のあり方にとって「模範《モデル》」になった。特にそれまでの二〇年間（一二七三～九三年）に開かれた三二回に及ぶ議会ではわずか六回しか召集を受けなかった騎士が、この時期（一二九四～九七年）には毎回出席するよう求められている。各州の地主利害を代表する彼らが招かれたということは、国王からの要請が「課税」であることは明白であった。

「模範議会」という名称とは裏腹に、この前後の議会はもめにもめた。対仏戦争が始まった当初は、有力者が国王の行動に理解を示し、増税分は聖職者に振り分けることでエドワード1世も山場を乗り切ったかに思われていた。しかし当時の議会は戦況にも大きく左右された。戦争の長期化と多極化により、各界の代表たちは「課税」に反発を示すようになっていく。一二九六年には教会が五分の一税に反対し、国王と教会との対立は深まる。翌九七年からは有力貴族であるヘリフォードとノーフォークの両伯が、国王のガスコーニュ・フランドル遠征をめぐって真っ向から反対意見を述べた。彼らは常に「マグナ・カルタをはじめとする憲章の確認」を王に求めた。

一二九七年九月に、王がフランドルにいた間にイングランド軍がスターリングでスコットランド軍に大敗を喫した（後述）との報が伝わるや、フランス王と休戦条約を結び、急いで帰国したエドワード1世は、憲章の確認を行って議会との対決を一時的に乗り切った。しかし、この一二九七年から一三〇一年までが、国王と議会との衝突が最も激しくなった時期であった。議会は常に国王に憲章の確認を迫った。一三〇〇年の議会では、開会冒頭から議会がマグナ・カルタの確認を国王に要請している。

議会の「休会」と戦局の好転

ついに長脛王は、一三〇二年一〇月から〇五年二月までの二八ヵ月間にわたって、議会を召集しないことに決めた。これは彼の治世でも最も長い「休会期間」であったが、それはまた国王の巧みな外交手腕により、周辺各国との「休戦期間」でもあった。この二年余を、国王は強制賦課金《タリッジ》、教皇から承認を受けた聖職者への課税、外国商人への課税、貨幣改鋳、フィレンツェの大銀行家フレスコバルディからの融資などで何とか凌いだ。

こののちは、スコットランド独立の英雄ウィリアム・ウォレスの処刑（一三〇五年八月）、スコットランドに対する支配権の確保（同年九月）などで実績を示した国王に対し、議会側も譲歩せざるを得なくなっていく。エドワード1世の治世最晩年（一三〇五～〇七年）には四度の議会が開かれたが、スコットランドでのロバート・ブルースの叛乱勃発（一三〇六年三月）や、エドワード1世と親しい新教皇クレメンス5世によるイングランド教会への介入（同年五月）などで、国王と議会との関係は修復され、議会側が率先して「課税」に応じる姿勢を見せるようになっていった。

このようなエドワード1世の苦悩は、当時のイングランド経済の実態をよく反映していた。「国王の直属封臣」などとは名ばかりで、イングランドの土地の四分の三は一〇〇の主要な教会・修道院と二〇〇人弱の世俗諸侯らによって支配されていたのである。しかも一四世紀初頭に至っても、イングランドは相変わらずの農村社会だった。衣料・建設・鉱業・金属加工・塩業などの主要産業が現れるようにはなっていたが、経済の主力は農業や牧羊業であり、国王が「課税」対象として戦費を都合してもらえる相手は、議会構成員の大半を占める聖俗双方の地主貴族たちに変わりはなかったのである。

「ウェールズ大公」位の確保――グウィネッズ君公国崩壊

それまで重用してきた議会と真っ向から衝突してまでエドワード1世が「課税」にこだわったのは、彼自身の領土的野心に関わっていた。この長脛王は、ブリテン島内では未曽有《みぞう》の拡張主義を進める一方で、大陸では最後の砦ガスコーニュをめぐりフランス国王と対峙せざるを得なかったからだ。当時のイングランドは人口が五〇〇万～七〇〇万人の間ぐらいで、ウェールズ（二五万人）やスコットランド（一〇〇万人以下）をはるかに凌駕していた。他方でこれら「ケルト辺境地帯」では、一三世紀末まではイングランド人に対する偏見や憎悪の念が高まりを見せるようになっていた。

まずは西端のウェールズである。丘陵地が多く入り組んだ地形も関係してか、ウェールズは長年さまざまな部族が群雄割拠しており、代々継承される単一の王家というものが存在しなかった。それが一三世紀頃から大幅に勢力を拡張したグウィネッズ君公の台頭によって変化を見せていく。ヘンリ3世とシモン・ド・モンフォールの抗争のさなか、当時の君公サウエリン・アプ・グリフィズがヘンリ3世に迫り、モンゴメリー協定（一二六七年）で「ウェールズ大公（君公）《プリンス・オヴ・ウェールズ》」の称号を得た。これによりグウィネッズ君公はウェールズで最高の格付けを与えられた。当時のヘンリ3世は、パリ条約で大陸の大半の土地を正式に失い、国内には内戦を抱え、立場が弱かった。

しかし次代のエドワード1世ともなると立場は変わっていた。サウェリンはこの新王への臣従礼《オマージュ》を拒絶し、エドワード1世は先の協定でイングランド国王が有する上級支配権をあくまでも主張したため、ついに長脛王によるウェールズ遠征が始まった（一二七七年）。その圧倒的な軍事力を見せつけられたサウェリンは降伏し、以後はエドワード1世がイングランドを範型《モデル》にウェールズをいくつかの州に分断し、カーナヴォン、アベリストウィス、コンウェイなどに堅固な要塞をいくつも築いて支配を固めた。だが、イングランド諸侯による冷酷な支配がウェールズ諸族の怒りを爆発させた。一二八二年三月に叛乱が生じ、サウェリンもこれに加わった。しかし叛乱はあっけなく鎮圧され、同年一二月にサウェリンも殺害される。栄華を誇ったグウィネッズ君公国も崩壊した。

エドワード1世は自ら「大公《プリンス》」に即《つ》くことも考えたが、サウェリン亡き後の諸族の反発も考慮に入れなければならなかった。

ここにひとつの逸話が残されている。ウェールズの諸族は自分たちが「大公」として受け入れられる人物は、①ウェールズで生まれ、②英語を話さず、③生まれてこのかた一度も罪を犯したことのない者でなければならない。しばし熟考した長脛王は「それでは一年後にカーナヴォンに集まるように」と指示を与えた。

一二八四年の四月二六日、カーナヴォン城で長脛王は諸公らを前に「これがそなたらの大公である」と紹介した。それはこの前日に城で生まれたばかりの男子であった。のちの国王エドワード2世である。三条件を満たした赤ん坊の登場に諸侯はぐうの音も出なかったかもしれないが、その後の二度の叛乱（一二八七年、一二九四～九五年）も長脛王が築かせた要塞のおかげで平定され、一三〇一年に一七歳に達していた皇太子エドワードはここに正式に「ウェールズ大公」に叙任された。

これ以後、イングランドの王位継承者第一位の王子が歴代この称号を帯びることになる。二一世紀までに二一人の大公が登場し、そのうち一三人がのちに王位に即いている。

スコットランドとの死闘

群雄割拠のウェールズとは異なり、北のスコットランドにはすでに国王がいた（詳細は章末のコラム5を参照）。しかし、スティーヴンと皇妃マティルダの内乱時代に時のデイヴィッド1世がノーサンブリアなどを支配した一時期を除けば、スコットランドは常にイングランドに従属的な立場を取らされてきた。ただし双方の王家は血縁で結ばれており、ジョンの王女ジョーンと結婚したアレクサンダー2世（在位一二一四～四九年）の時代にはイングランドとの国境問題も解決し、その子アレクサンダー3世（在位一二四九～八六年）はノルウェー王との協約で西部島嶼《とうしょ》の支配権も獲得した。ところがアレクサンダー3世の死後、まだ四歳の孫娘マーガレットが王位を継ぐものの、その彼女も四年後に夭折する。

カンモア王家は断絶し、その血を引くベイリオルとブルース両家の衝突を収めたのは、スコットランド諸侯から仲裁を頼まれたエドワード1世であった。長脛王の調整でベイリオル家の当主ジョンが国王に即位し、一二九二年一一月三〇日（スコットランドの守護聖人聖アンドリューの日）にパース近郊のスクーンで戴冠式を行った。ところがこの直後にフランスとの戦争に乗り出した長脛王は、ジョンに対しても支援を要請する。スコットランド王を選出する一連の過程で、長脛王は「スコットランドの上級領主《スーペリア・ロード》」の地位に就いたと自他ともに認められていたのである。

しかしジョンはこれを認めなかった。それどころか長脛王の宿敵フランス王と同盟関係まで結んでしまう（一二九五年一〇月）。こののち一五六〇年まで二六五年間にわたって続くことになる両国の「古き同盟《オールド・アライアンス》」の始まりである。これに激怒した長脛王は翌年スコットランドを急襲し、敗退したジョンは退位を余儀なくされた。そればかりか、古来からスコットランド（スコット人の）王が戴冠の際に使ってきた「スクーンの石」まで没収し、長脛王はそれをウェストミンスター修道院の「エドワード証聖王の椅子」の下にはめ込んでしまった。これでイングランド国王は戴冠と同時にスコットランドの王にも即くという表象が込められたわけである。ちなみにこの石は長脛王による没収から七〇〇年後の一九九六年にスコットランドに返還される。

このエドワード１世による暴挙に激怒したのがスコットランドの民衆であった。平民出身のウィリアム・ウォレスを指導者に諸侯らも集まり、一二九七年九月にスコットランド中部のスターリングでイングランド軍と激突した。この戦いでウォレス軍は勝利をつかみ、スコットランドの士気は一気に高まった。大陸に遠征中だった長脛王はすぐさま舞い戻り、翌九八年七月にフォルカークでウォレス軍を敗退させた。一三〇五年八月にウォレスは処刑され、ローマ教皇庁の許可を得るかたちで、長脛王によるスコットランド統治も定まったかに思われた。

ガスコーニュ戦争と長脛王の死

莫大な費用や人員（兵士だけではなく要塞建設のためイングランド中から建築家・職人・労働者が集められた）をかけてウェールズとスコットランドを平定したエドワード1世ではあったが、それは三五年近くに及ぶ彼の治世のほとんどすべてを費やしての大事業であった。本来であればもっと短期間に両地域をイングランドに取り込むこともできたであろうが、すでに見てきたとおり、彼が戦わなければならなかった相手はブリテン島内部の諸勢力に限られてはいなかったからである。

父王ヘンリ3世がフランス王とパリ条約（一二五九年）を結んで以来、英仏両国は良好な関係で結ばれてきた。しかし、イングランド東南岸の交易と防衛の拠点である「五《シンク・》港《ポーツ》」と対岸のブルターニュの海員とは常に敵対関係にあった。一二九三年に両者の対立が激化し、当初は英仏両王が仲裁に入るつもりであった。ところが一三世紀末までに、フランス王はイングランドが大陸に有する最後の砦ガスコーニュまで召し上げてしまおうとの野望にかられていた。農作物が豊かに穫れるだけではなく、ここは豊穣なワインの生産地でもあった。港町ボルドーに集められたワインの交易量は一四世紀初頭にピークを迎え、エドワード1世がガスコーニュ公として得られる収入（二万七〇〇〇ポンド）の実に半分近くを稼ぎ出してくれていた。フランス国王にとってもそれは垂涎《すいぜん》の的だったのだ。

エドワード1世は、ウェールズ遠征が一段落した一二八六〜八九年をガスコーニュで過ごし、ここで公爵としての統治を行った。彼の細やかな統治のおかげもあって、イングランドとガスコーニュは通商関係で密になった。ガスコーニュからはワインが、イングランドからは衣料・皮革・穀物が送られ、ワインの関税収入もここ半世紀ほどで二〇倍にも達した。しかしこのときがイングランド王がガスコーニュに宮廷を置いた最後となってしまった。

それから五年後の一二九四年五月に、フランス国王フィリップ4世がエドワード1世が有するフランス国内の封土をすべて没収すると宣言し、俗に「ガスコーニュ戦争」と呼ばれる英仏戦争が始まったからである。最終的には一三〇三年のパリ条約で、フィリップ4世が占領したガスコーニュ領はエドワード1世に返還され、フィリップ4世の娘イサベルとエドワード1世の長子エドワード（のちの2世）の結婚が約束されて、戦争は終結した。

しかしこの戦争が、長脛王の対ウェールズ・スコットランド戦略に少なからぬ影響を及ぼしたと同時に、治世後半期に見られた議会との対立の直接の原因となったことは明らかである。エドワードは対仏戦争で優位に立ちそうになるとすぐにウェールズやスコットランドで問題が起こり、フィリップ4世と休戦協定を結んでブリテン島に戻ってこなければならなかった。

ウォレスの処刑とエドワード1世によるスコットランド統治宣言に触発され、一三〇六年三月にカンモア王家の血を引くロバート・ブルースが自ら「スコットランド国王」を名乗り、エドワード1世に挑戦を仕掛けてきた。フランスとの講和もなり、再び大軍を率いて北上した長脛王ではあったが、心身の疲労が重なったのであろう。遠征の途上で一三〇七年七月に病死した。享年六八。

最終的には二〇万ポンドもの負債を残し、晩年には妥協を嫌って頑迷な姿勢を示したが、父や息子とは違って特定の「悪しき取り巻きたち」に依存しすぎるようなことなどなく、政治的管理術に秀でた長脛王であった。

ギャヴィストン溺愛とスコットランド放棄

長脛王の急死により、ウェールズ大公がエドワード2世（在位一三〇七〜二七年）として国王に即位した。フランス国王フィリップ4世との約束どおり、翌年一月には彼の娘でエドワードより五歳ほど若いイサベルと北フランスのブーローニュで華燭《かしょく》の典を挙げた。その翌月、二人はウェストミンスター修道院で戴冠式も挙行した。

二三歳で王位に即《つ》いたエドワード2世ではあったが、年齢の割には分別に欠け、即位後早々から諸侯との間に軋轢《あつれき》を生じさせていった。

まずはこれまでも歴代国王が非難を受けてきた異国出身の「悪しき取り巻き」の存在である。エドワード2世の場合にはガスコーニュ出身のピアズ・ギャヴィストンがそれだった。彼は国王の少年時代から仕える側近中の側近であったが、国王のギャヴィストンへの溺愛《できあい》ぶりは異常であった。イサベルとの結婚のために渡仏したとき、ギャヴィストンは何と摂政に任じられている。またその直後の戴冠式の折にも、彼は並み居る有力諸侯よりも上座に位置し、彼らの反感を買う。さらに国王の有する恩顧関係《パトロネージ》にも悪影響を及ぼすようになっていた。戴冠式が終わるや、諸侯は国王に詰め寄り、ギャヴィストンの追放を要求した。アイルランドに流されたギャヴィストンだったが、一年後には再び王の側近として権勢を振るい出す。

エドワード2世が諸侯から怒りを買ったもうひとつの理由が、父王の進めたスコットランド遠征事業を事実上放棄してしまったことである。これにより一連の戦争でスコットランドに所領を得た諸侯はせっかくの土地を手放さざるを得なくなる可能性が高まった。

一三一〇年二月、ついに武装した諸侯らが議会に集結し、エドワード2世に改革を迫るに至った。国王はこれに同意し、翌一一年には聖俗双方の諸侯の手により「改革勅令《オーディナンス》」が作成された。そこには外国出身の「悪しき取り巻き」を追放し、新たな関税を廃止するとともに、年に一〜二回は議会を開き、マグナ・カルタや御料林憲章も確認を怠らないことなどが盛り込まれた。こののちいったん追放されながら秘《ひそ》かにイングランドに舞い戻ったギャヴィストンは逮捕され、一三一二年六月に改革派諸侯の手によって斬首《ざんしゅ》される。

イングランド内部の抗争につけ込んで、スコットランドではロバート・ブルースが再び兵を挙げていた。エドワード2世は諸侯に手腕を見せつけるためにも自ら兵を率いて北上する。その彼を待ちかまえていたのがバノックバーンでの大敗北であった（一三一四年六月）。起死回生に向け、王は課税の承認を得るためますます議会に依存しなければならなくなった。敗戦の直後から、国王の新しい取り巻きとしてデスペンサー父子などの宮廷派が登場し、改革派と敵対していく。一三二二年には宮廷派が勝利し、改革派の指導者の一人であったランカスター伯トマスは処刑された。翌二三年、ロバート・ブルースはローマ教皇から正式にスコットランド国王「ロバート1世」と認められる。

エドワード2世の廃位

ブリテン島で軟弱な姿勢を示したエドワード2世に、義弟のフランス国王まで挑戦を仕掛けてきた。一三二四年にフランス軍が再びガスコーニュへと侵攻を開始する。国王シャルル4世の姉でもあった王妃イサベルは皇太子エドワードを伴ってフランスへと渡り、弟と交渉を開始する。その甲斐《かい》あってガスコーニュの領有は認められた。しかし一連の出来事のなかで王の無能ぶりが露呈し、イングランド諸侯の多くが聡明なエドワード皇太子に期待を寄せるようになっていく。母イサベルもこれを鋭く感じ取り、ウェールズ辺境諸侯で愛人関係で結ばれていたロジャー・モーティマーらとの共謀に乗り出す。

一三二六年秋までにエドワード2世と宮廷派は追いつめられ、国王は西部に逃亡し、デスペンサーら側近は処刑された。翌一三二七年一月からウェストミンスターで議会が開かれた。エドワード皇太子が摂政に任命され、議会は国王の「廃位」について議論を進めた。一月二〇日にエドワード2世の廃位が決まり、二五日に皇太子がエドワード3世として即位した。

こののち、「前国王」はグロウスターシャーのバークリー城へと移される。だが彼を擁護する一派によって救出されることを恐れた、彼の妃でありいまや皇太后になっていたイサベルの命により、同年九月にエドワード2世は秘かに殺害された。

諸侯との確執がやむことのなかったエドワード2世の治世ではあったが、二〇年の間に二七回の議会が開かれた。このうち騎士・都市市民など「庶民《コモンズ》」が参加したのは二一回（七七％）に及び、波瀾に富んだエドワード1世の治世後半（五五％）に比べても増えている。また騎士や市民は一度きりの参加ではなく、各共同体で複数回代表に選ばれる事例も増え、一回の会期も長くなっていく（一三一一年以降は平均七週間）。エドワード2世は父からの遺訓もあり直接税の課税については議会の了承なく進めることはなかったが、ランカスター伯の一派に勝利を収めてから居丈高《いたけだか》になったのが仇となった。

国王が家臣により「廃位」されるというのは、ノルマン王朝になってからイングランドでは初めての出来事であったが、かつてのアングロ・サクソン時代の賢人会議と同様に、議会こそが旧王から新王への権力の移行を担う装置として機能するようになっていた。

エドワード3世による親政

前代未聞の国王の廃位を受けて、新たに王に即位したエドワード3世（在位一三二七〜七七年）はまだ一四歳の少年であったにもかかわらず、父王よりはるかに有能だった。即位の

エドワード3世（在位1327〜77） 槍の試合観戦中の絵．エドワード3世は騎士道を重んじ，1348年にガーター騎士団を創設した．21世紀の今日も現存する最古の騎士団のひとつである

翌年二月にウェストミンスター修道院で戴冠式を挙げた王にとって邪魔な存在が母の愛人モーティマーだった。彼が追放したデスペンサーの所領を貰《もら》い受け、ウェールズ辺境伯にまでのぼり詰めたその勢力拡張は少年王にとっても脅威となり得たのだ。抜け目のない母から薫陶を受けていたエドワード3世は一三三〇年秋にモーティマーを逮捕し、一一月の議会で処刑を決定した。皇太后（母）は許されたが終生隠遁《いんとん》を余儀なくさせられた。

こうしてわずか一八歳にしてエドワード3世は親政を開始する。戴冠式の前月にエノー（現在のベルギー西南部）伯の娘フィリッパと結婚し、その後七男五女の子どもをもうけた国王は、有力諸侯との縁組みによってその勢力を盤石たるものにしていく。

しかし即位から一〇年後にフランスとの戦争（のちの英仏百年戦争。次章で詳述）に乗り出したエドワード3世は、行財政と立法について新たな整備を行わざるを得なくなる。対フランス戦争のための資金は、議会の同意も得ながら中央行政が効率よく集めていく。国王自身は大陸に出征したため、皇太子を補佐する尚書部と財務府が留守中の中央行政を預かった。国王に随行した宮内府は、本国と頻繁に連絡を取って国王の指示を伝えた。

ところが戦争が長引くにつれ、特に聖職諸侯が戦争への協力（納税）を拒むようになっていく。一三四〇年春に帰国した国王は議会に協力を要請して、収穫物の九分の一を確保したが、教会と国王の対立は深まった。教会の対応に激怒した国王は尚書部と財務府の長官職をそれまでの司教から俗人に交替させ、一連の強圧策に教会側はマグナ・カルタの遵守《じゅんしゅ》と議会の召集を要求する。世俗諸侯もこれに同意し、国王はやむなく翌四一年に議会を開き、教会との和解を実現した。この一三四〇～四一年の出来事で、議会の地位はさらに向上し、ここにイングランド政治にとっての新たな局面が現れることになる。

二院制の始まり——貴族の登場

これまで「議会《パーラメント》」として、重要な政策決定や王位継承、課税問題に深く関わってきた「単一」の組織は、エドワード3世が登場した一四世紀半ば頃から「二つ」の議院へと姿を変えていくようになっていた。これまでの記述から、四代前のジョンの時代までは諸侯大会議と呼ばれ、聖職諸侯（大司教・司教・大小修道院長）と世俗諸侯（伯・諸侯）とが出席者であったのが、三代前のヘンリ3世の時代からは議会と呼ばれるようになっただけではなく、騎士や都市市民も恒常的に出席するようになっていた状況については説明してきた。

しかし前者と後者とでは、その出自や職掌はもとより、財産の大きさやそれに伴う視野の大きさとが異なる。二代前のエドワード1世の時代までには、イングランド全土から寄せられる「請願《ペティション》」の数も上昇し、聖俗諸侯はそのような請願や訴訟に採決を与える立場に、騎士や市民は請願を出す側の代表にそれぞれ分かれていった。

一四世紀半ば頃から、諸侯たちの集まりと騎士・市民らの集まりは別々に開かれるようになった。前者はやがて（公式には一六世紀から）「貴族院《ハウス・オヴ・ローズ》」と呼ばれ、後者はこれに対して「庶民院《ハウス・オヴ・コモンズ》」と名付けられた。

一四〜一五世紀までには、両院ともにウェストミンスターで開催される慣例が定着していたが、最初はともにウェストミンスター宮殿の南端に位置する「絵画の間《ペインテッド・チェンバー》」で開かれていた。ここはもともとはヘンリ3世の私室であった。それが一三四〇年代からは庶民院がこの部屋をそのまま使い、貴族院はすぐ隣の「白の間《ホワイト・チェンバー》」に移り、一三七〇年代になると両院が完全に離れて審議することとなった。貴族院はそのままとどまり、庶民院はウェストミンスター修道院の参事会堂《チャプター・ハウス》へ、次いで一三八三年からは修道院の食堂に議場を移した（こののち一六世紀半ばまでここで開かれた）。

貴族院に出席する聖職貴族の人数もそれまでは特に決められてはいなかった（一二九五年

には九九人も出ていた）が、イングランドとウェールズの司教が二一人、大修道院長が二五人と定められた。これは一六世紀半ばのイングランド宗教改革まで変わらなかった。世俗貴族もそれまでは人数が定まっていなかったが、一四世紀半ばの時点では七〇人程度に固定化していく。議会に出席する貴族たちの分化（階層化）が始まったからである。

五つの「爵位」の成立

一四世紀半ばまでは、議会に出てくる世俗諸侯は伯《アール》か諸侯《バロン》という大まかな区分しかなされていなかったが、この時代から「公侯伯子男」という五つの「爵位」に明確に分かれていく（それぞれの爵位名の成り立ちは**コラム**4を参照）。

筆頭の「公爵《デューク》」は、エドワード3世の皇太子エドワード（のちに黒太子《ブラック・プリンス》と呼ばれる）がイングランド南西部のコーンウォールを治める公爵に叙せられた（一三三七年）のが始まりとされる。彼はすでにイングランドの王位継承者第一位の王子が就く慣例にあった、チェスター伯爵とウェールズ大公の称号は与えられていたが、ここにイングランドで初の公爵となった。こののち彼の弟たちにも公爵位は与えられ、ライオネル（クラレンス公）とジョン（ランカスター公）は一三六二年に、エドマンド（ヨーク公）とトマス（グロウスター公）は一三八五年にそれぞれ叙された。

公爵の下には「侯爵《マーキス》」が置かれるようになり（初めての叙爵は一三八五年）、それまでの有力諸侯は「伯爵《アール》」として三番目の爵位名に置き換えられた。同様に、中小諸侯は「男爵《バロン》」として最下位の貴族の名称となった。伯爵と男爵の間には、やがて「子爵《ヴァイカウント》」が置かれるようになった（一四四〇年から）。彼ら貴族は、爵位や土地・財産だけではなく、自身の親や先祖がすでに議会に召集されていれば、身代を引き継いだときに貴族院にも出席できるという権利も獲得した。貴族院議員の「世襲化」の始まりである。

また聖俗諸侯は、国王の直属封臣であると同時に、所領地一円の「殿様」でもあった。このため「貴族院」が姿を現す前（一二六三年）から、所領経営に忙殺されて議会にどうしても出席できない場合には「代理投票権《プロクシーズ》」が認められ、それは貴族院が成立した後にも続く慣例となり、同じ格付けの爵位を持つ出席議員に票を託すことになっていく。

コラム4

英国貴族の誕生

一四世紀以降にイングランドに定着した五つの爵位は、その起源もさまざまである。

筆頭の「公爵（英語Duke、ラテン語Dux）」は、もともとはローマ帝国が拡大する礎石を築いた「軍団」の長を意味する言葉である。帝国が崩壊した後に、フランク王国やその後《こう》裔《えい》諸国で最上位の称号になり、イングランドに渡ってきた。王自身がノルマンディ公も兼ねており、自分と同じ格付けを軽々に与えたくなかった歴代国王は叙爵を控えてきたが、一三三七年にエドワード3世により皇太子にコーンウォール公爵が初めて与えられた。なお、イギリスでは外国人の公爵は「Prince」と表現され、この言葉はまたウェールズでは大公と訳される。元来は古代の共和政ローマの元老院審議で最初に発言できる最高位の「第一人者（Princeps）」に由来する呼称である。

「侯爵（英語 Marquis、ラテン語 Marchio）」は、フランク王国や神聖ローマ帝国で蛮族との国境地帯（辺境区 march）を守備する最高司令官に起源を持つ。ドイツ語でも、通常の伯（Graf）より格が高い辺境伯（Markgraf）として位置づけられる。ブルゴーニュやアキテーヌの領主も一〇～一一世紀までは Marquis で、のちに Duc へと昇格している。

「伯爵（英語 Earl）」は、ヨーロッパ大陸での呼称（ラテン語 Comes、フランス語 Comte）とは一線を画している。ラテン語の Comes の語源は、古代ローマ皇帝の宮廷内での側近 comites（仲間）にある。彼らはやがて帝国の拡張とともに各地の総督に任命され、総督も comites と呼ばれるようになった。これがヨーロッパ各地で有力貴族の呼称に転じた。一方、英語の Earl の語源は、スカンディナヴィアの Jarl にある。カヌートが北海帝国を継承し、イングランドの支配はノーサンブリア、マーシア、イースト・アングリアの「伯」たちに託されたが、彼らはこのとき Earl と呼ばれている。これも総督という意味があり、大陸の

Comteなどと同義語になった。

「子爵（英語Viscount、ラテン語Vicecomes）」は、以上からもおわかりのとおり、元は「副総督」の意味である。中世ヨーロッパ史では「副伯」という訳語もあてられる。

「男爵（英語Baron）」は、ギリシャ語で「一人前の男」を意味する言葉が、のちに各国で有力な人物を意味する呼称に変わった。イングランドではノルマン時代に「諸侯」を意味し、一三世紀にはEarlには及ばない中小の有力者（地主貴族）を指す言葉になった。

また、のちに「勲爵士」を意味するようになる「騎士（英語Knight）」は、イングランドではCnihtと記されていたが、フランス語のChevalier（騎兵）と同義語であり、ノルマン王朝初期の一〇九〇年代までに定着し、Knightの表記に転じた。

庶民院の拡充――騎士と市民

もうひとつの庶民院を主に構成していたのは、それ以前から出席するようになっていた州の代表である騎士《ナイト》と都市の代表である市民《バージェス》であった。騎士は一二五四年から、市民は一二六五年からそれぞれ正規の構成員として議会に招かれていた。

一四世紀になると、前者は三七の州から二名ずつ選ばれる議員に、後者は八〇の都市から二名ずつ選ばれる議員となった。一三三〇年代までには、各州には議員を選ぶ特権が認められ、当初は州民集会で代表が選ばれていたが、のちには「州選挙区《カウンティ》」となっていく。一四三〇年からは州選挙区における選挙権についても規程が定められ、年間四〇シリング（二ポンド）以上の収入をうむ土地または地代を持つ自由土地保有権者とされた。四〇シリングとは当時王に仕える弓兵が受け取った賃金八〇日分に相当する金額であった。この規程はなんと一九世紀前半までこののち四〇〇年も続くことになる。

「都市選挙区《バラ》」も時代が下るにつれて整備されていくが、当初は商工業などで比較的裕福なイングランド南西部に集中しており、一五世紀前半には選挙区の実に半分はコーンウォール、デヴォン、ドーセット、サマセット、ウィルトシャーの五つの州に集中していた（これに対して北部の四州には合わせて三つしか選挙区がなかった）。

これまでの記述からもおわかりのとおり、庶民院が形成される前から、騎士や市民は国王から「課税」について相談を受けるときに決まって議会に出席を要請されてきた。聖俗諸侯らは課税や増税を受け入れるだけで、実際に税を支払い、徴税の実務を担当していたのはより下位にいた騎士や市民たちだったのである。すなわち「課税」の一番のしわ寄せは彼らやその下の農奴・下層市民にきていた。こうした経緯もあって、一四世紀半ばまでには、庶民院は「直接税の承認」に関する権限を確保していた。さらに関税（エドワード1世の時代からは特に羊毛輸出関税）についても承認権を得るようになり、エドワード3世が海外遠征を行うにあたって、庶民院の同意は不可欠であった。

庶民院への「請願」と仏語から英語へ

先述したとおり、一四世紀初頭までには、議会はイングランド全土の個人や共同体からの「請願」を受け付けるフォーラムの機能も果たすようになっていた。請願を受け付けた庶民院は、行政的・経済的・法的な観点からこれに若干の修正を施して、国王に上程した。これに対する国王の回答が新法の基礎となった。このため、一四世紀後半には個々の請願は国王に直接的ではなく、まず庶民院に持ち込まれる事例が激増する。こうした慣例はやがて、「庶民院の承認のない法制化は無効」とする慣習につながっていく。

一三七六年には庶民院を統轄する「議長《スピーカー》」も選出され、国王や貴族院と並び、国政を運営していく重要な組織として庶民院は根づいていった。

なお、「ノルマン征服」以後、イングランド貴族の日常言語はフランス語であり、公式の文書などにはラテン語が用いられてきた。これがジョンによる「ノルマン喪失」以降、貴族の間でも英語が日常的に使われ、エドワード3世治世下の一三六三年からは議会での日常語は正式に英語と定められた。庶民院にはフランス語ができない層が数多くいたこととも関わっていた。

議会の公式文書のほうは、一五世紀前半まではラテン語とともにフランス語が使われていたが、一四八九年からは法令の草稿も英語となった（議会制定法自体はラテン語のまま）。最終的に法として認められる「国王による裁可《ロイヤル・アセント》」も、一七世紀前半まではフランス語が使われていたが、共和政の到来（一六四九年）とともに英語に直され、以後今日まで続いている。

「善良議会」――議会の地位確立

このように、エドワード3世が登場する時代までには、それまでも歴代の国王たちから諮問を受けてきた議会が、構成員、審議内容、手続きを洗練されたかたちで整備し、イングランドの国政にとって不可欠の機関としてその地位を確立していた。

一三六九年に愛する妻フィリッパに先立たれ、七六年に期待をかけた皇太子まで急逝してからは、半世紀に及んだエドワード3世の栄華にも明らかに陰りが見えていた。長引く戦争と軍事情勢の悪化とにより、戦争を続行させるために「課税」を必要とする王の立場はますます議会に依存せざるを得なくなっていた。こうしたなかで王の進むべき道を示したのも議会であった。

一三七六年四月にウェストミンスターに召集された議会は、三年にわたる関税徴収を承認する見返りとして、国王の政治に悪影響を及ぼしている愛妾《あいしょう》アリス・ペラーズや「悪しき取り巻き」（侍従長ラティマー卿など）の追放・弾劾を要求した。議会で悪臣が「弾劾《インピーチメント》」という刑事裁判手続きを取られたのも、このときが初めてのことであり、この議会は人々から「善良議会《グッド・パーラメント》」と呼ばれた。

善良議会から一世紀後、一五世紀イングランド法曹界の権威で王座裁判所首席裁判官を務めたサー・ジョン・フォーテスキューは、「イングランドは公共と国王により統治されているが、フランスは国王のみにより統治されている」と述べている。フランスではすべての権力は国王が掌握し、イングランドでは国王は議会の承認なしには増税も法改正もできないというのである。これが正しいか否かは別として、なぜ英仏両国でこのような違いが生じてしまったのであろうか。

イングランド独自の道？

イングランドでジョンが、フランスでフィリップ2世が統治していた一三世紀初頭から、ヨーロッパ各国に中央の政治的集会が現れ、王の諮問に答えるのは有力諸侯の権利と考えられ、そのような集会に関わる人々の社会層も拡大していった。イングランドに限らず、フランスでも、ドイツ諸国でも、スウェーデンでも、デンマークでも、「議会」に相当する組織は同時期に形成されていたのである。

議会史家マディコットの分析によれば、イングランドとフランスの間で「王権と議会」の関係に違いが生じたとすれば、それは「戦争（とそれに伴う課税）と王位継承」とが深く関わっていたと思われるという。

「アングロ＝ノルマン王国」の時代から「アンジュー帝国」の時代にかけて、イングランドが防衛しなければならない領域は、海峡をまたぐだけではなく、ヨーロッパ大陸でもあまりに広範囲に及んでいた。すなわちそれだけ防衛に費用がかかった。はじめは王領地からの上がりや封建的諸税だけで賄っていた王も、やがては金が底をついて、臨時の課税に頼らざるを得なくなっていく。その最大の納税者がイングランドでは「地主貴族階級」だったのである。「ノルマン征服」でイングランドの大半の土地は、聖俗諸侯らが王から「直属封臣」として与えられたものとなり、彼らは国王から金を要求されればそれが不当と感じない限りは、これに応じざるを得なかった。実際の負担は騎士や農民に押しつけられたが、諸侯と騎士からなる地主貴族階級は「課税」に関わる相談権を手に入れた。

一方、フランスやスペイン（カスティーリャやレオン）、デンマークやスウェーデンでは騎士階級は軍役を理由に「免税」の対象とされていた。ハンガリーの「金印勅書」でもその点が再確認され、フランスでも一三世紀末に貴族に対する全国的な課税を導入しようとして国王が大変な反発に遭い、要求を引っ込めざるを得なかったほどである。

守らなければならない領地も、フィリップ2世以前のカペー王朝のフランス王などパリ周辺の小さい領土（南北二五〇キロ×東西二二〇キロ程度）にしかすぎなかった。また、このフィリップ2世がジョンから北西部フランスをごっそり没収してしまった後には、莫大な富が王家に転がり込んできた。フランス王家の収入は、所領経営が巧みなこともあって激増し、王が「課税」について家臣たちに相談する機会も少なかった。

さらに、これは「自然の摂理」のなせる業であったのかもしれないが、一〇世紀末から一四世紀初頭までの三三〇年ほどの王位継承のあり方について、英仏では対照的な現象が起きていた。一〇世紀初めのアゼルスタン王の即位から、最初の「征服王」カヌートの登場、「ノルマン征服」、一二世紀半ばのスティーヴンと皇妃マティルダの内乱と、二〇〇年以上にわたってイングランドは常に王位継承争いに巻き込まれてきた。そしてアゼルスタン時代には確立していた「賢人会議《ウィテナイェモート》」以来、有力諸侯の集まりは先王と次王との継承がスムースに運ぶための機能も果たしていた。本章で見た、エドワード2世の廃位と3世の継承などもその表れである。王位継承争いのたびごとに「議会（とその前身ともいうべき組織）」はその重要度を増していたのである。

ところがこれと同時期のフランスでは王位継承争いなど一度も起こらなかった。ユーグ・カペーが王朝を開いたとき（九八七年）からジャン1世が亡くなる（一三一六年）まで、フランスでは常に男子の世継ぎに恵まれ、そのおかげで王権も強化されていった。それもあって「議会」が開かれることもほとんどなく、フィリップ2世以降の半世紀（一一八〇～一二三〇年）を例にとっても開かれたのはわずか二一回にすぎなかった。しかも同じくフランス語の「パルルマン」を語源としていても、フランスでは「高等法院」として主に司法機関の役割を果たすようになっていった。これと同時期に、イングランドではリチャード1世の長期海外滞在（さらには莫大な身代金支払い）、ジョンの失政と早世、ヘンリ3世の幼少期が重なり、議会の力は増していったと考えられるのである。

このように、戦争（課税）と王位継承問題とが微妙に関わりながら、イングランドでは議会の力が強まり、フランスでは王権が強まっていた。

しかしそのフランスでもついに王位継承問題が起きるときがおとずれた。シャルル4世が男子の世継ぎを残せず世を去った（一三二八年）ことで長年の安定が崩れてしまう。そして皮肉なことに、同じ年にウェストミンスター修道院でイングランド国王の戴冠式を挙行したのが、シャルルの姉（イサベル）の長男で大いなる野望を抱いていた、エドワード3世その人だったからである。

コラム5

スコットランド王家の系譜

八世紀まではスコット人とピクト人が拮抗《きっこう》しながら共存を続けてきたスコットランドに初めて統一王国が誕生したのは、ダルリアダ（スコット人の国）の王ケニス・マカルピンがピクト人を制圧して北部にアルバ王国を築いた八四三年のことである。やがて彼の子孫のマルコム2世（在位一〇〇五～三四年）の時代に現在のスコットランドにほぼ匹敵する領域を支配するようになった。しかし彼の孫ダンカン1世（在位一〇三四～四〇年）が即位すると、王位継承争いにまで発展し、ダンカン王はシェイクスピア悲劇でも有名な従兄のマクベス（在位一〇四〇～五七年）に殺害され、王位を奪われた。そのマクベスも、今度はダンカンの息子マルコム3世（在位一〇五八～九三年）に敗れ、戦死した。

マルコム3世の六男デイヴィッド1世（在位一一二四～五三年）のときには、イングランドの内乱につけ込んでノーサンブリアなどを獲得したが、彼の死の直後に奪回された。この後も両国の衝突は絶えず、アレクサンダー2世（在位一二一四～四九年）とその子アレクサンダー3世（在位一二四九～八六年）がそれぞれジョンとヘンリ3世の娘と結婚して一時的な平和がおとずれたが、王家が途絶えた一二九〇年からは再び両国の激しい戦闘が開始された。一三二八年にエドワード3世がロバート1世（在位一三〇六～二九年）のスコットランド王位を認めたが、後継者のデイヴィッド2世（在位一三二九～七一年）はイングランドに攻め込んで逆に捕虜となり、一一年間の虜囚生活を余儀なくされた。

デイヴィッド不在時にスコットランドの宮廷を取り仕切ったのが、王の甥で宮宰《ハイ・ステュアード》を務めたロバートであった。世継ぎのいなかったデイヴィッドの死後、彼がロバート2世（在位一三七一～九〇年）として王位に即《つ》くと同時に、いつしか彼がそれまで就いていた役職名が、「ステュアート」という家名へと変貌を遂げていった。こののちイングランド王位も兼ね、一七一四年まで君臨するステュアート王朝の開祖である。

一四世紀の間、スコットランド王の年収は一万ポンドを超えることはなく、それはイングランド王の一〇分の一程度にすぎなかった。このことがイングランド王に軍事的に勝てない原因のひとつともなっていた。なお、一二九〇年頃から「議会《パーラメンタム》」と呼ばれる有力者の集会がスコットランドにも形成されるようになっていた。一院制で、成立当初は司教・修道院長・伯《アール》・諸侯《バロン》という最有力の聖俗諸侯のみから構成されていたが、一六世紀半ばまでには聖職諸侯（司教・修道院長・下級聖職者）二五名、世俗諸侯（伯・諸侯・自由土地保有者）二一名、都市市民八名、官職保有者三名の総計五七名が出席するようになった。議会の開催場所は、一五世紀頃からは王の滞在日数が増えたエディンバラに固定化された。

第5章 百年戦争からバラ戦争へ——フランスと王位をめぐって

英仏百年戦争の始まり

中世ヨーロッパでは、国内の混乱は周辺諸国にとっては勢力を拡張する絶好の機会にもなる。

エドワード2世の廃位（一三二七年）に伴うイングランドの混乱は、北のスコットランドと南のフランスにつけいる隙を与えた。一時的に立場の弱くなった新国王エドワード3世は、翌二八年に「ロバート1世」を正式なスコットランド国王として認め、ロバートの息子デイヴィッドと自らの妹ジョアンの縁組みを進める。

さらに翌年の一三二九年に、エドワード3世はフランスに赴きアミアンでヴァロワ王朝の初代国王フィリップ6世に臣従礼《オマージュ》を行った。ヴァロワ家はカペー家の分家にすぎず、母イサベル（フィリップ4世の娘）を通じてカペー家直系を自認するエドワード3世としては内心忸怩《じくじ》たる思いもあった。

ところが同年（一三二九年）、ロバート1世の急逝に伴い、スコットランドでデイヴィッド

2世が即位したが、この義弟はまだ五歳だった（王妃ジョアンは八歳）。今度はエドワード3世につけいる隙が与えられたのである。スコットランドでの影響力を取り戻そうと、エドワード3世はかつて祖父の長脛《ロング・シャンクス》王が王位から追い落としたジョン・ベイリオルの息子（エドワード）を擁立し、ここに内戦を引き起こした。

一三三三年に幼いデイヴィッド2世夫妻はハリドン・ヒルの戦いで敗退すると、翌三四年にフランスへと亡命した。「古き同盟」を重んずるフィリップ6世は二人を丁重に受け入れ、英仏関係は悪化した。当時はフランドルでの羊毛交易をめぐっても英仏両国は衝突を繰り返していたが、ここにさまざまな状況が重なり、一三三七年五月にフィリップ6世はエドワード3世が有するアキテーヌ公領とポンティユ（フランス北部）伯領を没収すると宣言した。英仏百年戦争の始まりである。

前章までのように、英仏両国はこれまでもしばしば戦争を繰り返してきていた。しかしそのたびにローマ教皇庁などの調停が入り、すぐに講和も実現していた。ところがこの当時は、教皇がフランス南東部のアビニョンに幽閉され（一三〇九～七七年）、七代にわたって教皇がフランス人で占められていた時代である。エドワード3世は親仏派の教皇に公正中立な立場など期待できなかった。こうした英仏間の調停役の欠如で、低地地方《ネーデルラント》、カスティーリャ、ポルトガル、スコットランド、アイルランドなど、およそ三〇の国と地域まで巻き込んで、戦争が断続的にこののち一一六年間続いていくことになる。

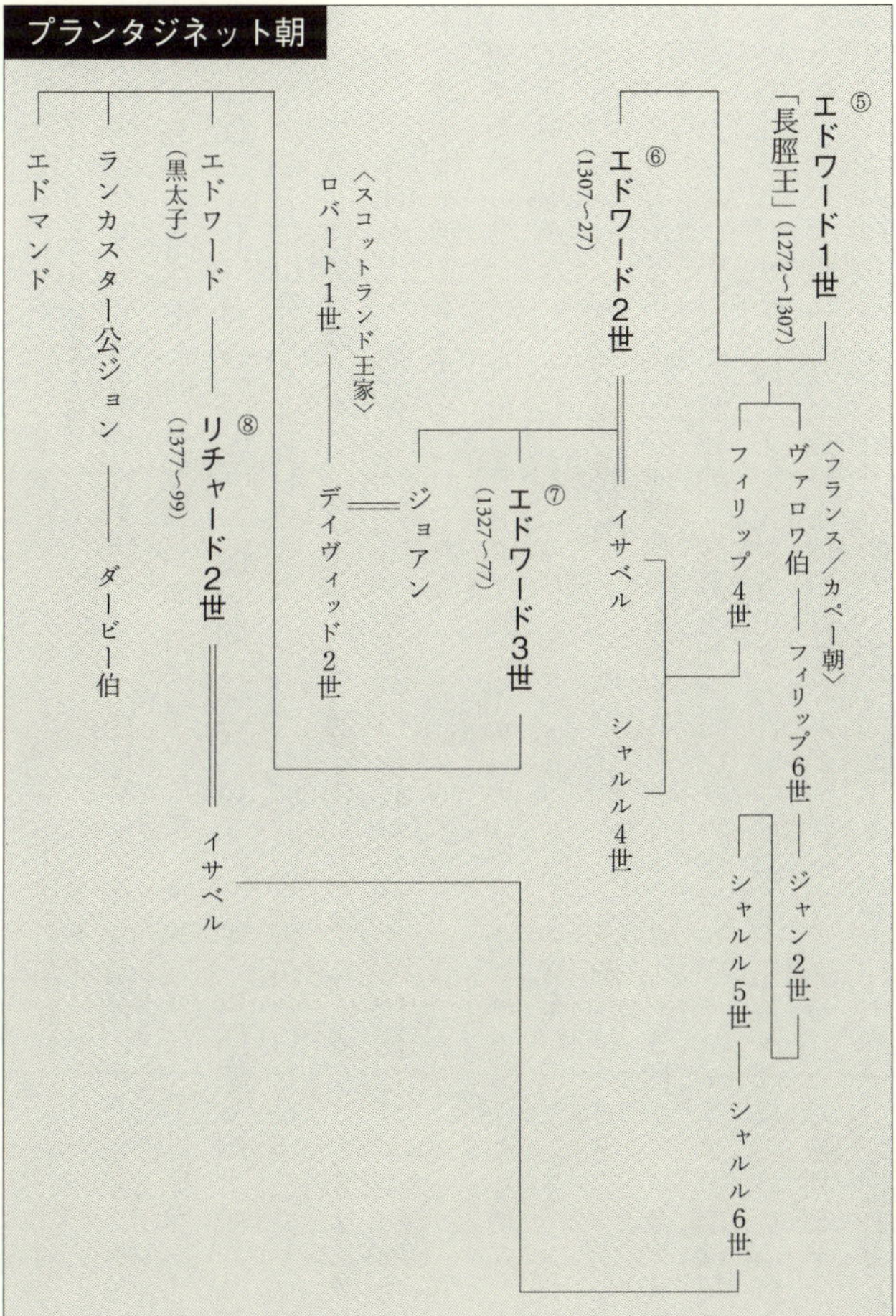
プランタジネット朝
⑤エドワード1世「長脛王」(1272～1307)
⑥エドワード2世 (1307～27)
イサベル
〈フランス／カペー朝〉
ヴァロワ伯
フィリップ6世
ジャン2世
フィリップ4世
シャルル4世
シャルル5世
シャルル6世
⑦エドワード3世 (1327～77)
ジョアン
〈スコットランド王家〉
ロバート1世
デイヴィッド2世
エドワード (黒太子)
⑧リチャード2世 (1377～99)
イサベル
ランカスター公ジョン
ダービー伯
エドマンド

エドワード父子の栄光と死

戦闘準備を整えたエドワード3世は、一三三九年九月からフランス北東部に侵攻を開始し、フランドルの諸都市と同盟を結び、翌四〇年一月にヘント（ガン）で自らの「フランス国王」即位式を執り行った。ここ一四年間（一三一四～二八年）に四度も国王が入れ替わり、そのたびごとに臣従礼を強制してきたフランスの態度に我慢がならなかったエドワード3世であったが、祖父（母イサベルの父）フィリップ4世の弟（ヴァロワ伯）の息子にすぎないフィリップ6世が国王に即《つ》き、アキテーヌなどの没収を宣言するに及んで、ついにフランスの王位継承権を訴えるに至ったのである。

対するフィリップ6世はフランク王国古来からの法である「サリカ法」を盾に、女子・女系には相続権がないと主張する（これがルイ14世時代に自らの首を絞めることに）。

このののちイングランド側優位のうちに戦闘は続き、一三四六年八月クレシー（ポンティユ）の戦いで長弓兵と騎士の連携戦術を巧みに用いたエドワード3世が、フランス軍に圧勝した。フランスがいまだ封建的な徴募を行っていたのに対し、イングランドでは契約で雇用した兵士や隊長が小分隊ごとに柔軟性のある作戦を展開し、王族や諸侯の率いる動きの緩慢なフランスの大隊に容易に攻撃を仕掛けることができたのである。この勝利を記念する祝賀の席で、このののち六六〇年以上の歴史を誇る「ガーター騎士団（勲章）」も創設された（一三四八年)。

しかしエドワード3世には、大勝利の余韻に浸っている暇などなかった。クレシーの戦いには一万五〇〇〇人もの兵力を投じ、その費用も莫大だったからだ。また、国王は、スコットランド国境を護り、ウェールズをおとなしくさせ、アイルランドでの叛乱も鎮定しなければならなかった。さらに一三四八年からヨーロッパ全土で猛威を振るったのが、「黒死病」と呼ばれたペストの流行だった。フランスでもブリテン諸島でも多くの死者が出た(ヨーロッパの三分の一が死亡したとも言われる)ため、五一年から英仏両国は休戦に入った。この間にフランスではフィリップ6世が死去し(一三五〇年)、ジャン2世の時代となっていた。対してイングランド側は、黒い甲冑《かっちゅう》をまとって武勇に優れていたため、「黒太子《ブラック・プリンス》」と呼ばれたエドワード皇太子が一三五五年からは遠征軍を指揮するようになっていた。

一三五六年九月に黒太子はジャン2世とポワティエで激突し、一〇年前のクレシーの戦い(当時一六歳だった黒太子も参戦していた)と同じ戦法により数で優るフランス軍を圧倒した。ジャン2世は捕虜にされロンドン塔へと移送される。このの ち一三六〇年五月にブレティニ＝カレー条約が結ばれた。ジャン2世が莫大な身代金(三〇〇万金エキュ)で釈放されることに決まり、アキテーヌ(ポワトゥなども含む)、ポンティユ、カレー、ギーヌなどがイングランドに割譲された。他方でエドワード3世自身は、フランス王位請求権を放棄することになった。

1360年当時のフランス内のイングランド領

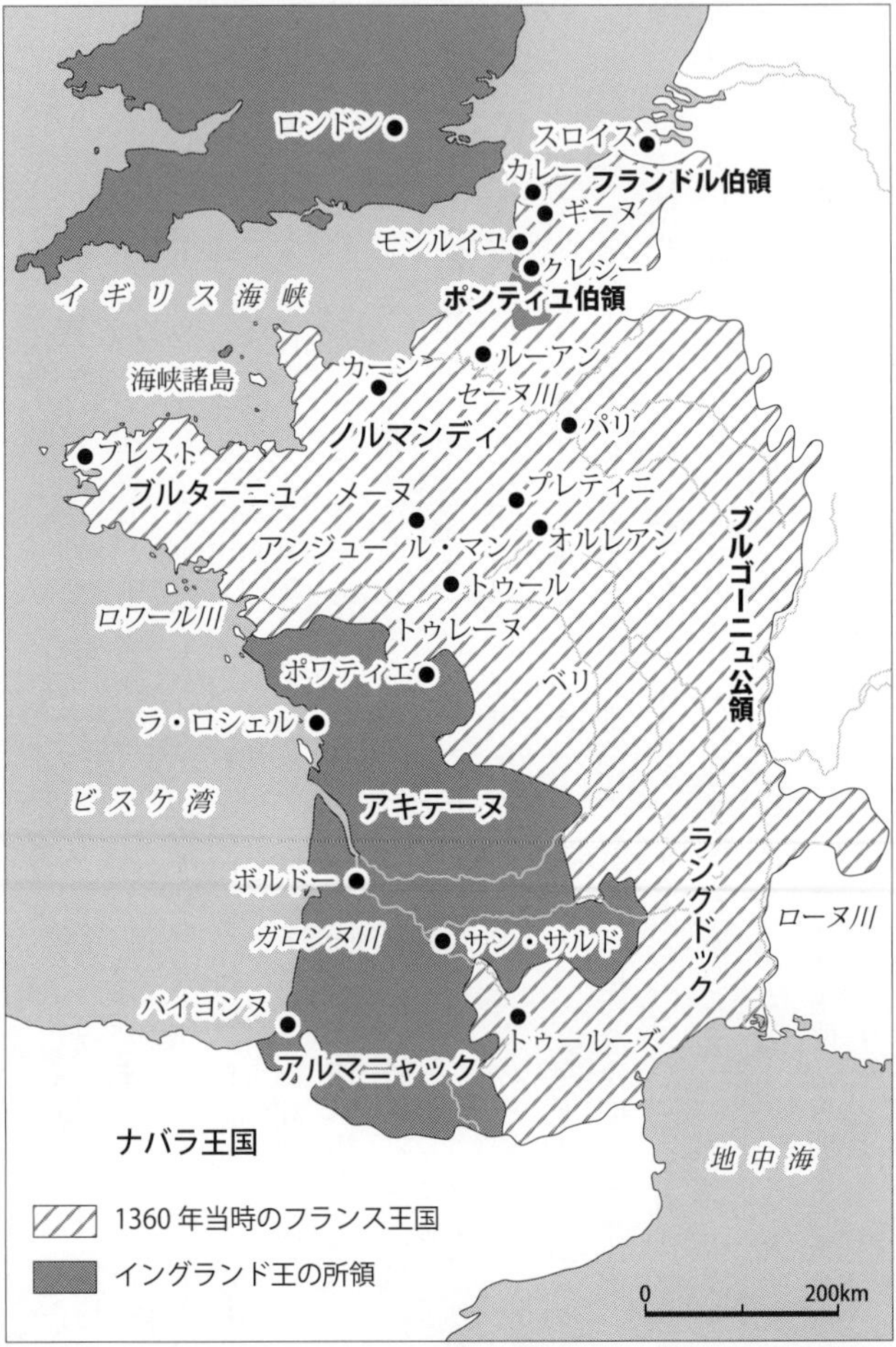

出典：青山吉信編『イギリス史１』（山川出版社，1991年）を基に著者作成

このち黒太子はアキテーヌ公にも叙され、未来の国王「エドワード4世」への期待も高まった。しかしジャン2世がロンドンで客死し（一三六四年）、長子がシャルル5世として即位するや、一三七〇年代に入り再び戦端が開かれた。そのような最中の一三七六年六月、赤痢に罹《かか》った黒太子が四六年の短い生涯を閉じる。期待を寄せた息子の急死で、六三歳の老王も落ち込んだ。黒太子の死からちょうど一年後、一三七七年六月に息子の後を追うかのように、老王エドワード3世は半世紀にわたった波瀾の治世を終えて亡くなった。

祖父である長脛王譲りの策略家だった彼は、商人、銀行家、地主貴族たちに情け容赦のない重税を課す一方で、議会を重用し、現実主義的な政策を実践した。また大陸での軍事的成功にも驕り高ぶらず、ブリテン島内での防衛にも目配りした慎重な王であった。

一〇歳の少年王の登場

エドワード3世の長い治世が終わり、六四歳の老王に代わって即位したのは、黒太子の嫡男で王孫のリチャード2世（在位一三七七～九九年）である。まだ一〇歳になったばかりの少年王であった。父の突然の死を受け、一三七六年一一月にウェールズ大公などに叙任され、そのわずか七ヵ月後に王位に即いたのである。翌七月にウェストミンスター修道院で戴冠式が執り行われたが、一〇歳の幼子《おさなご》には長くて退屈な儀式だったようである。終わる頃には疲れて立ち上がれず、隣のウェストミンスター・ホールまでお付きに「おんぶ」してもらって

リチャード2世（在位1377～99）　1390年に国王がウェストミンスター修道院を訪れた記念に制作された．歴代君主のなかで同時代に描かれた最初の肖像画であると言われている

ようやく移動できた。

フランスとの抗争はいまだ続いていたが、リチャード2世が即位した三年後（一三八〇年）、今度はフランスに一一歳のシャルル6世が登場し、少年王を戴いた英仏両国の戦争に小康状態がおとずれた。

リチャード2世初期の治世は、政府の役職者と貴族らの評議会が協力して統治が進められた。当時は黒死病の影響もあって、地主たちは慢性的な労働力不足と市場経済における小麦・羊毛の売れ行き悪化とに悩まされていた。貴族院と庶民院とは相談の上で「人頭税」を導入するが（一三七七、七九年）、それは貴族・騎士・農民などの段階制を設けた累進課税であった。ところが一三八〇年の議会を通過した新たな人頭税は、貧富の別に関係なく、一人あたり一シリング（一二ペンスに相当し一三七七年の農民税額の三倍。当時の農民の稼ぎは一日に一～二ペンス程度だった）という破格の高額課税となった。

ワット・タイラーの乱と寵臣政治

翌一三八一年五月、ついにロンドン近郊で農民一揆《いっき》が勃発した。六月には、ワット・タイラーという指導者が現れ、元司祭のジョン・ボールが言葉巧みに群衆を煽動《せんどう》した。六月一二日、ロンドン市内に突入した農民軍は監獄などを破壊した。ここで一四〜一五日に、一四歳の少年王はタイラーら農民軍の指導者と会見の場を持った。若年に似合わぬ、落ち着き払った国王の堂々たる態度に、農民軍は恭順の意を表した。国王も、自由契約労働や生産物売買の自由など、農民軍の要求を受け入れた。この直後にタイラーは殺害され、俗に「ワット・タイラーの乱」と呼ばれた一揆は終息する。しかし、このとき農民軍と渡り合って肌身で感じた「王権の偉大さ」に、少年王は目覚めていく。

叛乱の翌年（一三八二年）から、リチャード２世は曽祖父エドワード２世を彷彿《ほうふつ》させるような「寵臣政治《ちょうしんせいじ》」へと乗り出す。祖父の時代から勢力を増した議会による統制を避け、国王は行財政を自らの管理下に置いた。宮廷財務室とそこから派生した国王秘書官室《シグネット・オフィス》とがこれを実際に掌握した。自らの寵臣には湯水のごとく金をばらまき、議会に対して重税を要求する国王に対し、ついに貴族院と庶民院が団結して抗議を申し入れる（一三八六年議会）。議員の多くが嫌った国王の「悪しき取り巻きたち」には、ハルの羊毛輸出商人の小倅《こせがれ》で尚書部長官に任じられたサフォーク伯爵や、アイルランド総督となっていたオックスフォード伯爵などがいた。商家からの「成り上がり者」サフォーク伯爵は、由緒ある地主貴族階級の間では特に目の敵にされていた。

ついに一三八六年の議会でサフォーク伯爵は弾劾され、こののち宮廷派と改革派貴族との間の抗争につながる。「悪しき取り巻きたち」を廃し、議会への相談の機会を増やすように訴える改革派には、国王の叔父グロウスター公爵や従兄ダービー伯爵ヘンリなど王族もいた。この抗争でオックスフォード伯爵も亡命を余儀なくされ、彼らを寵愛した国王自身にも非難の矛先は向けられた。

一時はリチャード2世の「廃位」問題も話し合われたことがあったが、一三八八年に開かれた「無慈悲議会《マーシレス・パーラメント》」では、王の側近たちの多くが処刑・罷免・追放の処分を受け、これ以上の追及はなかった。

ダービー伯爵への仕打ち

ところが、国王の「悪しき取り巻きたち」を排斥したばかりなのに、秩序回復をめぐって貴族院と庶民院との間に亀裂が生じてしまう。この隙に権威を回復したリチャード2世は、一三八九年五月には「余は今やわが家庭、わが家政、わが王国を統治する年齢に達した」と宣言し、ここに二二歳にして公式に親政を開始した。これまでの一連の出来事から教訓を得ていたリチャード2世は、自らに忠誠を誓う一派を慎重に形成し、自らの家政を権力の基盤に据え、特に西部（チェシャーやウェールズ北部）に勢力を固めていった。

また王権の回復を狙おうと、やはり諸侯と敵対して彼らの目をそらそうとしたかつてのジョン王が実行（一二一〇年）したように、リチャード２世はアイルランドへの遠征を開始した（一三九四〜九五年）。ここで彼はゲール系の族長たちをアングロ・アイリッシュ系の族長たちと和解させ、両者を巧みに支配下に置いていった。さらに一五歳のときに結婚した王妃アン（神聖ローマ皇帝カール４世の娘）が子を残さずに亡くなると（一三九四年）、リチャード２世が二年後に後妻として迎えたのがフランス国王シャルル６世の娘イサベルであった。彼女はまだ六歳の少女であったが、これでフランスとの間には二八年間の休戦延長条約が取り結ばれ、リチャード２世もしばらくは戦争から自由の身になれたのである。

しかし国王による中途半端な対仏和平策に、改革派のグロウスター公爵やアランデル伯爵が反発した。一三九七年にはリチャード２世は宮廷クーデターを実行し、彼ら改革派貴族を処刑・追放した。翌九八年には従兄のダービー伯爵も国外追放処分となった。ところがその翌年（一三九九年二月）にダービー伯爵の父で国王の叔父にあたるランカスター公爵ジョンが亡くなった。ダービー伯爵は王の許しを得て、父の爵位や土地財産を継承するために帰国を申し出た。ところが国王はそれ以前の約束を反故《ほご》にし、ダービー伯爵の追放を終身にすり替えて、その相続権も剝奪《はくだつ》してしまった。ランカスター公爵家は年収一万二〇〇〇ポンドにも及ぶイングランドでも屈指の裕福な一族となっており、国王もその富に目が眩《くら》んだのかもしれない。とはいえこれはリチャード２世にとって最大の失策であった。

当時のイングランドは各地方に有力貴族がおり、彼らはそのまま貴族院も牛耳っていた。一四世紀末の時点では、そのような貴族は六〇家ほどしかおらず、彼らの下にジェントリ（騎士《ナイト》、エスクワイア、ジェントルマン）と呼ばれる中小地主が六〇〇〇～九〇〇〇人はいた。貴族とジェントリはお互いに姻戚関係で結ばれている場合もあったが、相互補完の関係にあった。すなわち、貴族院と庶民院とは血脈的にも人脈的にも密接な関係にあったのだ。彼らにとって最大の利益は自らの土地や財産を王によって保障されることであった。

国王廃位からダービー伯爵即位へ

ダービー伯爵ヘンリから不当にランカスター公爵家の財産を取り上げたリチャード2世の行為は、他の地主貴族階級すべてにとって脅威と映り、王として不適格であるとの烙印《らくいん》をリチャード2世に押す決定打となった。貴族らの目をそらそうと、リチャード2世は再びアイルランド遠征に乗り出したが、今回はそれが命取りとなってしまった。一三九九年五月に国王がアイルランドへ出かけた隙に、ダービー伯爵が大陸から舞い戻り、ランカスター公爵家の家臣たちが次々と馳《は》せ参じただけではなく、国王から不当に扱われてきた北部諸侯（パーシー家やネヴィル家）もダービーに合流したからだ。

慌てて帰国したリチャード2世は捕らえられ、ダービー伯爵は王の名の下に九月二九日に議会を召集した。囚われの身になったとはいえ、「議会を召集できるのは王だけ」という観念が当時の地主貴族たちの間にも拡がっていたのであろう。この議会で、リチャード２世の廃位とともに、ダービー伯爵ヘンリを五代前のヘンリ３世の後裔として正式に認め、国王「ヘンリ４世」の即位が正式に決まった。そして一〇月にはいままでにない豪奢《ごうしゃ》な戴冠式が挙行された。

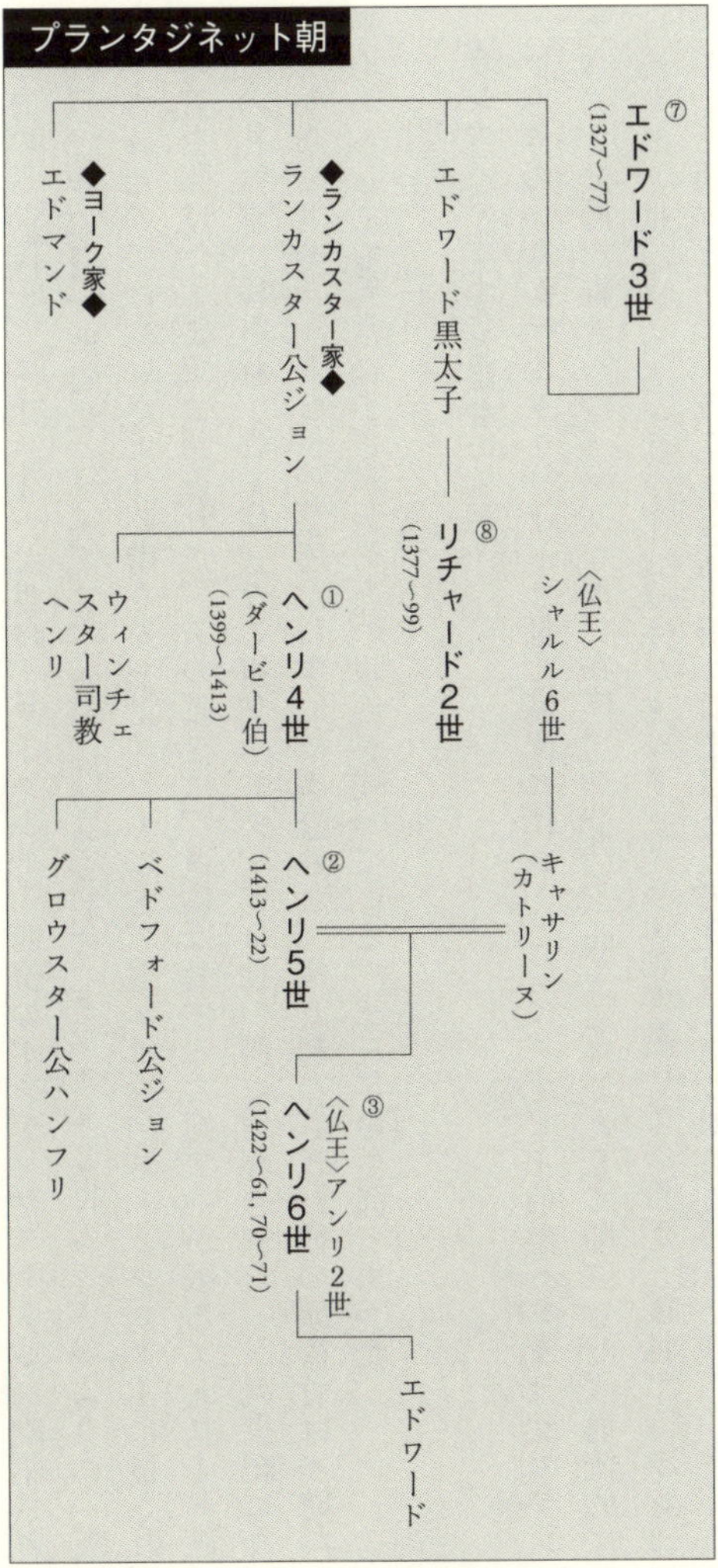

一方の「前国王」リチャード2世は、ヨークシャー西部のポンティフラクト城に幽閉され、一四〇〇年二月一四日に亡くなった。先に廃位されたエドワード2世のときのように「処刑」されたのではないかとする噂を打ち消すためにも、遺体はウェストミンスターに移され、棺の蓋《ふた》を開けたままで公開された。その直後に、遺体は愛する亡妃アンが眠るエドワード証聖王の礼拝堂に移され、妻や偉大なる祖父エドワード3世の側《そば》に埋葬された。一九世紀になってから、リチャード2世の墓所が科学的に調査され、掘り起こされた彼の頭蓋骨《ずがいこつ》は当時の平均からしても異常に小さかったとの報告が残っている。三三年の生涯であった。

ランカスター王家と議会の協調

世継ぎのいなかったリチャード2世の廃位に伴い、ここにダービー伯爵ヘンリは父のランカスター公爵を継ぎつつヘンリ4世(在位一三九九~一四一三年)として即位した。血統的にはヘンリ2世以来のアンジュー(プランタジネット)王朝が続いていたが、後世に「ランカスター王朝」と呼ばれることになる新たな王家として登場したのである。

ヘンリ4世は、先王リチャード2世に粛清された、ウォーリック伯爵、アランデル伯爵やグロウスター公爵の女婿《じょせい》スタフォード伯爵などを積極的に登用し、宮廷内をランカスター派で固めた。しかし、ヘンリ4世は財政的な能力には恵まれていなかった。当時の宮廷の年間経常収入は九万~一〇万ポンドほどであったが、カレーやガスコーニュ、ウェールズ国境を守るためには最低でも一四万ポンドは必要であった。国王はこれを農村や都市への直接税（動産税）で賄おうとしたが、彼の強引な手法に当然のことながら庶民院が反発した。

一四〇四年に開かれた二度の議会では、土地への所得税という空前の課税も採用されたが思うような成果は得られず、最終的には祖父エドワード３世以後の国王が手放した土地からの収入をすべて回収し、宮廷財源の一部とする方策が採られた。王領地が国家財政の文脈で議会において論じられた史上初めての事例である。さらに一四〇六年にも、途中に休会期間をはさんだものの、九ヵ月にわたった中世最長の議会が開かれている。ここでも、議会は国王からの課税要求に容易に同意は与えず、国王評議会の改組などを迫り、宮廷財政の健全化を進めさせた。ヘンリ４世は可能な限り議会との協調路線を進めていった。

内乱の終息と皇太子ハリーの台頭

さて本章の冒頭でも記したとおり、中世においては国内の混乱は、周辺諸国にとってはつけいる絶好の機会となる。リチャード２世の廃位をめぐるイングランド国内の混乱は、再びブリテン島内外の勢力がうごめく要因となった。

まずはウェールズである。エドワード１世の時代以来イングランドの支配下に置かれてきたウェールズでは、リチャード２世廃位の翌年（一四〇〇年）頃から北部でオーウェン・グリンドゥルを指導者とする叛乱が勃発した。一世紀に及んだイングランド人入植者（領主層）とケルト系原住民との根深い対立が一気に爆発したのである。これにスコットランドやフランス、さらにはイングランド北部有力諸侯のノーサンバランド伯爵（ヘンリ・パーシー）などが荷担し、オーウェンの叛乱は容易には鎮圧できなかった。

ここに登場したのがウェールズ大公のハリー（ヘンリ）王子であった。シェイクスピアの戯曲『ヘンリ四世』では悪友フォルスタッフ（架空の人物）との放蕩三昧《ほうとうざんまい》が語られているが、実際には信仰心が篤く、武勇に優れた王子であった。ウェールズ辺境部へ派遣されたハリーは一四〇五年三月～四月の戦いでオーウェン軍を破り、一挙に軍事的名声を獲得した。彼は当時まだ一七歳の若者であった。この翌年には、ハリーより七歳若いスコットランド国王ジェームズ1世がイングランド側に捕らえられ、これ以後実に一八年にわたって虜囚としての生活を送ることになった。

ウェールズを中心とした叛乱は一四一〇年頃には終息したが、この頃からヘンリ4世は神経性の発作に悩まされていく。このため皇太子のハリー王子や、国王の腹違いの弟でウィンチェスター司教のヘンリなどがしばしば代行を務めた。

それと同時に、この頃から国王と皇太子の間でも確執が生じるようになる。フランスでは、対英戦争のあり方などをめぐって、ブルゴーニュ派とアルマニャック派とに分かれ、これに国王シャルル6世が翻弄《ほんろう》される日々が続いていた。イングランドでも、財政的理由もあって対仏和平政策を採ろうとする国王ヘンリ4世に対し、ハリーはブルゴーニュ公爵と手を結んで大陸への積極的介入を訴えていた。

そのような矢先の一四一三年三月二〇日、ウェストミンスター修道院のエドワード証聖王の礼拝堂で祈りを捧げていたヘンリ4世を突然の発作が襲った。国王はそのまま帰らぬ人となった。享年四六。礼拝堂では、彼自身が追い落としたリチャード2世（ここに埋葬されていた）の肖像画がじっと王の最期を見つめていた。

ヘンリ5世によるフランス進攻

父王の突然の死に伴い、一四一三年四月にその父が亡くなったウェストミンスター修道院で、ハリー王子はヘンリ5世（在位一四一三〜二二年）として戴冠式を挙行した。熱心なキリスト教徒でもあった彼は、この当時イングランドで広まりつつあった、ジョン・ウィクリフ（オックスフォード大学の神学者）を提唱者とする「ロラード派《ロラーズ》」を異端として徹底的に弾圧した。ロラード派は反教権主義者で、高位聖職者が教会の富を私物化することに反対だった（祈禱文《きとうぶん》を「もごもご唱える《ロラー》」のでこのあだ名が付いた）。

国内の異端を弾圧した後は、ヘンリ5世の次なる標的はフランスとなった。一三六〇年に曽祖父エドワード3世がブレティニ＝カレー条約を結んだにもかかわらず（147頁）、フランス側はそのときに取り決められたジャン2世の身代金をまだ半分以上（一六〇万金エキュ）も支払っていなかった。ヘンリ5世はこれに加えてさらにいくつかの領土の割譲を迫り、父

ヘンリ5世（在位1413〜22）　冒険好きで頑固な国王のように描かれることもあるが，実際には政治的にも軍事的にも抜け目がなく，敵に対して寛大な武将であったと称えられる

の死で立ち消えとなっていたシャルル6世の娘カトリーヌとの結婚話を復活させ、これまた高額の持参金（二〇〇万金エキュ）まで要求したのである。

こうした国王の強硬な姿勢に議会の大半がついていけない状況であったが、自分は神に護られているとの強い信念を抱いていたヘンリ5世は、崇敬する曽祖父エドワード3世がかつて要求したフランスの王位継承権と、ジョン王以来失われて久しい大陸の領土を回復するために、一四一五年夏にはフランスへと兵を進めた（この過程で国王の政策に反対する一派による暗殺陰謀事件もあった）。フランスに上陸したイングランド軍は、赤痢などに苦しめられながらも、北部に陣を取った。

そして一〇月二五日、北フランスのアザンクール（英語名アジンコート）で六〇〇〇名にまで減少していたイングランド軍は、その数四万とも五万とも言われたフランス軍を相手に、長弓兵と地形を巧みに利用した戦術とでフランスの重装騎馬軍団を殲滅《せんめつ》した。シャルル6世の甥でオルレアン公シャルルなど多くの貴族が捕虜となり、翌一一月にヘンリ5世はロンドンに凱旋する。すぐに開かれた議会では、それまでの国王に対する半信半疑の態度とはうって変わって、国王に終生一定額の羊毛・ワインの輸出関税や直接税（一〇分の一税や一五分の一税）の課税を認めると約束し、アザンクールの大勝利を祝った。

連戦連勝、フランスの屈服

この勝利に驕らず、ヘンリ5世は一四一七年夏に再び大陸へと遠征に出かけた。今度はかなりの大軍も集まり、各地で連戦連勝が続いた。

一四二〇年五月に、ヘンリ5世は同盟者であるブルゴーニュ公爵とフランス中北部のトロワで条約を結んだ。シャルル6世が存命中はヘンリ5世が摂政を務め、シャルル6世が亡くなった場合には、ヘンリ5世とその継承者がフランスの王位を引き継ぐ。さらにシャルル6世の娘カトリーヌ（英語名キャサリン）とヘンリ5世の結婚も正式に決まる。この条約にシャルル6世は同意せざるを得ず、フランス各地に証書が送られた。フランスの諸侯もこれを認めただけではなく、神聖ローマ皇帝やヨーロッパ各国の王侯らの大半もこの条約を承認したのである。

いつしかヘンリ5世は、ノルマンディも含めたフランスの北部一帯を支配しており、それは敬愛する曽祖父エドワード3世でさえ及ばないような戦功と人々から褒め称《たた》えられた。

一四二〇年六月二日、トロワでヘンリ5世とシャルル6世の娘キャサリンの華燭《かしょく》の典が

1421年トロワ条約当時のフランス

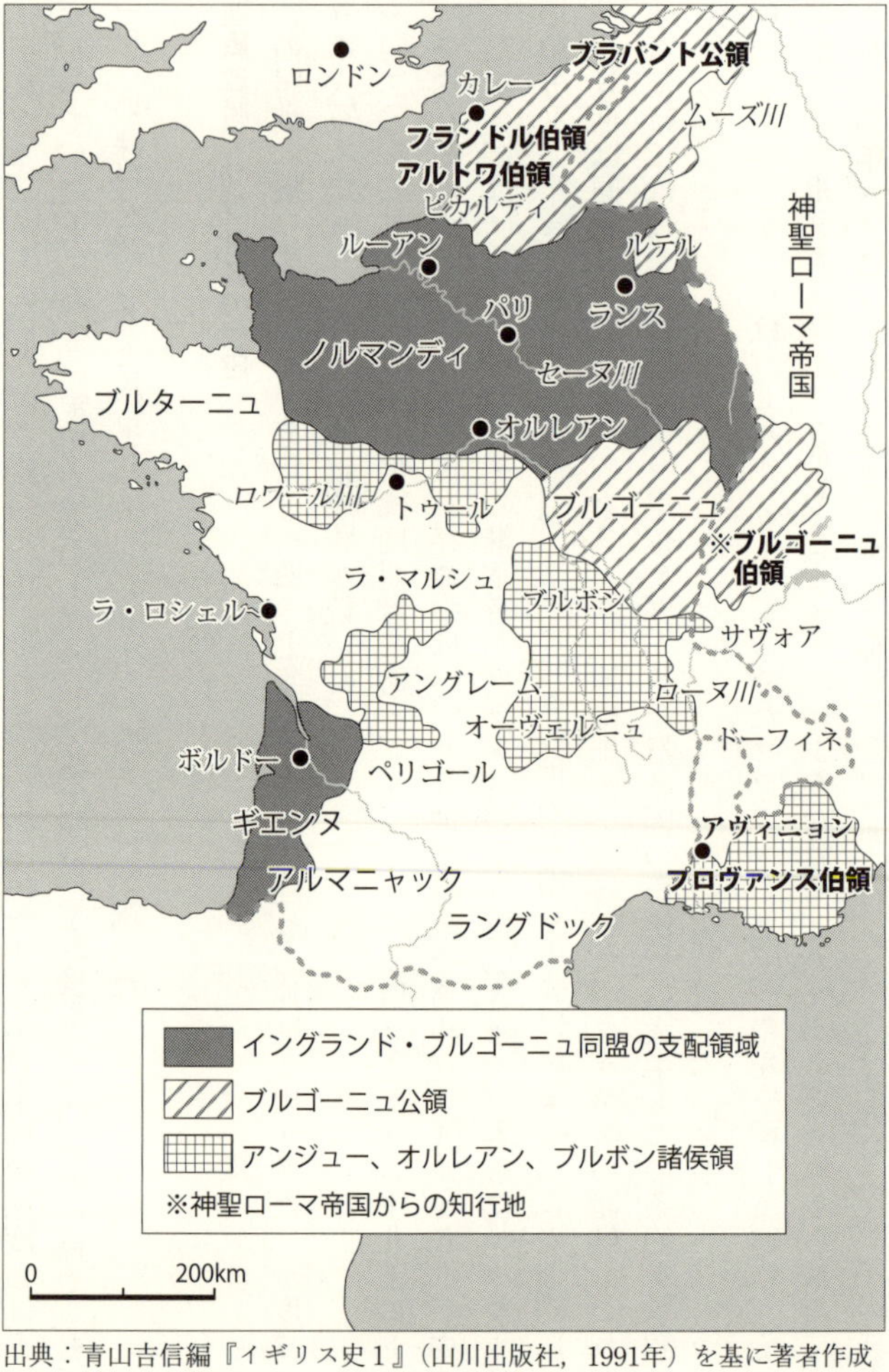

出典：青山吉信編『イギリス史１』（山川出版社，1991年）を基に著者作成

盛大に執り行われた。花婿は三二歳、花嫁はまだ一八歳だった。二人の間には翌年一二月に男子が誕生した。父と同じく「ヘンリ」と名付けられた。この子は将来、生まれながらにして史上初めてのイングランド国王にしてフランス国王に即くのである。

ところが幸せは長くは続かなかった。一四二二年八月、フランス中北部のヴァンセンヌに滞在中だったヘンリ5世が赤痢に罹ってあっけなくこの世を去ってしまったのである。まだ三四歳という若さであった。ジョンの「ノルマンディ喪失」以来、歴代イングランド国王はブリテン島内で亡くなるのが通例であったが、「獅子心王《クール・ド・リオン》」と呼ばれたリチャード1世（一一九九年四月）以来、実に二二三年ぶりに海外で亡くなった王となった。

ヘンリ5世もまた獅子心王と同じく武勇に優れた王であったが、フランス語しか話さなかったリチャード1世とは異なり、ヘンリ5世は常に英語を話し、家臣たちにもそれを推奨していた。文学や音楽にも造詣《ぞうけい》が深く、プディングのような独特の髪型で颯爽《さっそう》と戦場に登場する姿は、当時の騎士物語にとっても格好の題材となったばかりか、彼の服装は流行の先端となった。

ヘンリ6世＝「アンリ2世」の即位

イングランドの英雄ヘンリ5世の突然の死により、ここに生後まだ九ヵ月にも満たないヘンリ6世（在位一四二二～六一年、七〇～七一年）が即位した。戴冠式は、一定年齢に達するまで繰り延べとなった。さらに父王の死の翌々月、今度は母方の祖父シャルル6世まで亡くなった。この結果、彼は生後一〇ヵ月にしてフランス国王「アンリ2世」にも即くことになったのである。

幼王の治世を支えたのは、ヘンリ5世の弟たちだった。ヘンリ4世の三男ベドフォード公爵ジョンは、幼王の後見人《ガーディアン》にしてフランス占領地域の統治を託された。四男のグロウスター公爵ハンフリは、同じく幼王の後見人にしてイングランドにおける「護国卿《ロード・プロテクター》」となった。

だが、ハンフリは他の王族や諸侯とも折り合いが悪く、叔父（ヘンリ4世の異母弟）でウィンチェスター司教のヘンリとも事あるごとに衝突した。イングランドの実際の行財政は国王評議会の手に委ねられ、議会からも承認を受けた。ハンフリは自らの摂政権を主張したが、ヘンリ（司教）が主導する国王評議会は護国卿の後見はあくまでも王領地の問題に限ると解釈し、両者の対立を抑えるために、大陸に遠征していたベドフォード公爵ジョンがわざわざ帰国して調整にあたらなければならないほどであった（一四二六年）。

イングランド国内の調整が済むと、ジョンは再び大陸へと戻り、一四二八年一〇月からはフランス中部のオルレアン包囲戦が開始された。翌二九年春、「ロレーヌの乙女」ジャンヌ・ダルクがシャルル6世の遺児で「アンリ2世」の叔父にあたるシャルルと会見を行う。ジャンヌ・ダルクは彼女が一三歳のときに見た夢で天使のお告げがあったとおり、ランスで戴冠式を挙行すべきだとシャルルに進言した。伝説の乙女の登場にシャルルも意を決し、ジヨンによるオルレアンの包囲を突破して、七月一七日に戴冠式を行った。

「シャルル7世」としてフランス大聖堂で戴冠した彼はトロワ条約の無効を宣言し、フランス全土の諸侯や騎士たちに援護を訴えた。対するベドフォード公爵ジョンの側も一四二九年一一月にウェストミンスター修道院でイングランド国王として戴冠したばかりのヘンリ6世を「アンリ2世」として正式なフランス王と喧伝し、翌年に捕らえたジャンヌ・ダルクを焚刑《ふんけい》に処した（一四三一年五月）後、同年一二月にパリのノートルダム大聖堂でアンリ2世の豪華な戴冠式を行った。しかし、一〇世紀のユーグ・カペーによる戴冠式以来、フランス国王はランス大聖堂で戴冠するのが習わしであり（第1章23頁参照）、フランスの諸侯は不満であった。

百年戦争敗北からの神経性発作

一四三五年にベドフォード公爵ジョンが死去し、翌三六年に一四歳のヘンリ6世は公式な宣言は行わなかったものの、ここに事実上の親政を開始した。もう一人の叔父グロウスター公爵ハンフリの影響力もこの頃には弱体化し（のちに一四四七年に反逆罪で捕らえられ、直後に病死）、宮内府長官を務めるサフォーク伯爵（のちに公爵）が影響力を強めた。ヘンリ6世は一四四〇年代半ば頃から、対仏和平工作を推進しようと尽力するが、英仏双方の事情も絡み、うまく進まなかった。一四四五年にはそのような政策の一環として、フランス王妃の姪

ヘンリ6世（在位1422～61，70～71）
紳士的で優しくきわめて寛大だった彼は，信仰心に篤く，貴族の子弟の教育に情熱を注いだ．名門イートン校も彼の創設によるもの

にあたるマルグリート（英語名マーガレット）と結婚する。

ヘンリ6世は寛大な人物で嫌われることはなかったが、あまりにも鷹揚《おうよう》で政治には不向きな人間だったと言われる。何より彼自身があまりに幼いときに父が亡くなり、「王」としての責務や仕事の有り様について、実体験から教え諭してくれるような存在がいなかったからだ。また彼の「出不精」も王としては致命的であった。かつてエドワード長脛王などは、ブリテン島内部はもとより、フランスへもたびたび行き、王国の拡大に腐心したものである。ところが三九年の在位の間にヘンリ6世がイングランドを離れたのは、ウェールズに一度と、戴冠式を行うためにフランスを訪れたわずか二回しかなかった。スコットランドにもアイルランドにも渡ったことはなかったのである。

一四四九年一〇月にノルマンディの都ルーアンが陥落すると、イングランドでは国王の側近サフォーク公爵の責任を追及する声が議会からも上がった。翌年には議会で弾劾を受けたサフォークはその直後に暗殺された。こののちは、サマセット公爵とヨーク公爵リチャード

ランカスター家とヨーク家＋テューダー朝

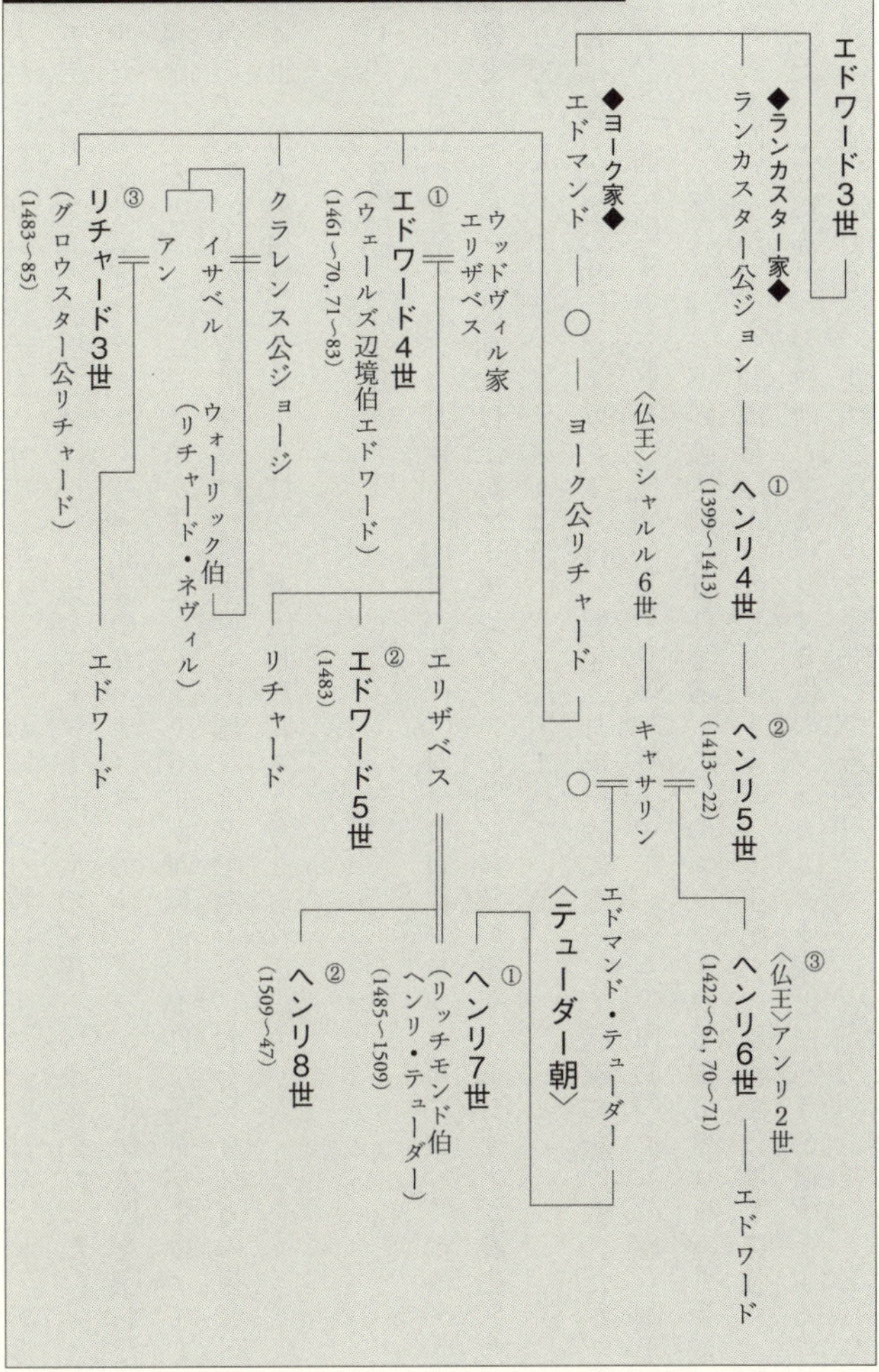

の二人がイングランド政治を二分する勢力として台頭する。特にヨーク公爵はエドワード3世の五男エドマンドの次男を父に持ち、母もエドワード3世の玄孫《やしゃご》という家柄だった。

一四五三年七月半ばにガスコーニュ北部のカスティヨンでイングランド軍が大敗を喫したとの報が伝わると、ここに一大事が生じた。ヘンリ6世が神経性の発作で精神病に罹ってしまったのである。人の手を借りなければ歩行も困難なほどであった。おそらく父方の祖父ヘンリ4世と母方の祖父シャルル6世から遺伝した病気と考えられる。

ヨーク公の台頭から「バラ戦争」へ

ヘンリ6世の発病から二ヵ月後、一四五三年一〇月一九日にフランス軍によってボルドーが陥落した。この一週間前には王妃マーガレットとの間に待望の王子エドワードが誕生したばかりであったのに、イングランドは暗い空気に包まれていた。

夫とは違って気の強いマーガレットは、翌年二月に摂政になるべく諸侯にかけ合ったが、「外国人」で前に出すぎる彼女は貴族たちから嫌われていた。ここで血筋の上では最も国王に近いヨーク公爵リチャードが護国卿に就任する。こののち、ヨーク公爵はサマセット公爵との対決を制したが、この間に宮廷を掌握したマーガレット王妃との確執が日増しに強まっていった。ここに赤バラを紋所とするヘンリ6世のランカスター家と白バラを紋所とするヨーク家の内乱が始まった。世に言う「バラ戦争」である。

緒戦ではまずヨーク側が機先を制した。一四六〇年七月のノーサンプトンの戦いでヨーク派のウォーリック伯爵がヘンリ6世を捕獲した。しかし議会内にはヘンリ6世（容態も恢復《かいふく》していた）を正統な国王と認める勢力もあり、ヨーク公爵は容易には王位を奪えなかった。そのわずか五ヵ月後には、ヨーク公爵自身がウェイクフィールドで戦死してしまう。

こののちヨーク家の頭領には長男でウェールズ辺境伯のエドワードが就いた。彼は諸侯からの人望も厚く、指導力がなく虜囚の身のヘンリ6世に代わって王位に推戴された。翌一四六一年三月に彼は「エドワード4世」と名乗り、九月にはウェストミンスター修道院で正式に戴冠式を行った。

エドワード4世擁立の最大の功労者が「国王製造人《キング・メーカー》」を自認するウォーリック伯爵（リチャード・ネヴィル）であった。かつてのカヌート王（デーン王朝）の時代のように、王位継承の争乱の最中に再び「強すぎる家臣」が登場してきたのである（28頁参照）。

しかしネヴィル一族の台頭にエドワード4世は不快感を示した。一四六〇年代末頃から、王はネヴィル家を極力政治の中枢から外そうと試みた。ウォーリック伯爵も負けてはいなかった。エドワード4世の次弟クラレンス公爵ジョージを長女イサベルと結婚させ、王弟まで兄を裏切り、叛乱に手を貸すことになる。ウォーリック伯爵はヨーク派からランカスター派へと鞍替《くらが》えし、一四七〇年六月には次女アンをヘンリ6世の長男エドワードに嫁がせた。翌月、エドワード4世はマーガレット王妃と和解したが、ウォーリック一派にフランス国王ルイ11世も加わって包囲され、一時的にブルゴーニュ公領に亡命した。

一四七〇年一〇月、ウォーリック伯爵の尽力でヘンリ6世が王位に返り咲いた。一度王位を剥奪され再びこれを取り戻したのは、イングランド史上でも初めてのことであった。翌一一月に議会も開会し、国王としての権威を取り戻したかに見えたヘンリ6世ではあったが、わずか半年足らずで形勢は逆転した。一四七一年三月に帰国したエドワード4世は、ウォーリック伯爵を討ち取るとともに、マーガレット王妃を捕獲した。五月四日のテュークスベリの戦いでは「皇太子」エドワードまで討ち死にした。五月二一日にエドワード4世はロンドンに凱旋し、その夜のうちにロンドン塔でヘンリ6世を処刑したとされている。

こうしてエドワード4世(在位一四六一～七〇年、七一～八三年)の治世は盤石となり、正式に「ヨーク王朝」が確立されることになった。

エドワード4世の早世と混迷の時代

「われらをおおっていた不満の冬もようやく去り、ヨーク家の太陽エドワードによって栄光の夏がきた」(『リチャード三世』小田島雄志訳、白水社、一九八三年)とシェイクピアもその有名な戯曲の冒頭で語らせているように、ここにヨーク王朝が誕生した。ヘンリ6世の処刑により、ランカスター系の主流をなす男子相続者はいなくなってしまった。しかし「栄光の夏」は長くは続かない運命にあった。その原因は皮肉にも「ヨーク家の太陽」こと、エドワード4世自身にあったのである。

国内での地位を確立するや、エドワード4世の目はフランスに注がれた。ウォーリック伯爵と手を結んで一時は自分を王位から締め出そうとしたフランス王ルイ11世への報復が目的である。

折しも義弟（エドワード4世の妹マーガレットと一四六八年に結婚）のブルゴーニュ公爵シャルル勇胆《ル・テメレール》公がルイ11世とフランス北部のソンム川を境に睨《にら》み合いを続けていた。一四七五年七月にエドワード4世はカレーに上陸し、義弟の軍隊と合流した。シャルルの進言もあり、ヘンリ6世が実現できなかったランス大聖堂でのフランス国王としての戴冠をめざし、両者はそのまま進軍した。この動きを察知したルイ11世はエドワード4世のランス行きを阻止し、結局、英仏両国王は同年八月のピキニー条約で正式に和平を結んだ。

エドワード4世（在位1461～70，71～83）　明るく陽気で優しい性格だった彼は，18歳のときにすでに身長が2メートル近くある大男と言われた．礼儀作法も洗練され，女性たちの憧れだった

エドワード4世がフランスで失われた領土を放棄する代わりに、ルイ11世は毎年五万金エキュを彼に支払い、エドワー

ド4世の娘エリザベスとルイ11世の長男シャルルの婚約も整えた。一四五三年一〇月のボルドー陥落で事実上両国の戦争は終わっていたが、この一四七五年のピキニー条約で、「英仏百年戦争」と呼ばれた一世紀を超える戦争にも正式に終止符が打たれた。ヨーク家の王はランカスター家の王たちに比べて大陸での所領回復にそれほど執着しなかったようである。

長年にわたったフランスとの戦争に区切りをつけたエドワード4世ではあったが、今度は国内における貴族間の抗争へと巻き込まれていく。そのきっかけは彼自身の結婚にあった。背が高く眉目秀麗《びもくしゅうれい》で明るい性格だったエドワード4世は、ヨーロッパ中の王侯貴顕の女性たちから注目の的だった。望みとあらば皇帝の娘や王の妹との縁組みもできたのに、その彼が選んだ相手は下層ジェントリの寡婦にすぎなかった。エリザベス・ウッドヴィルである。

もともとはランカスター派の騎士と結婚したエリザベスは、夫がセント・オールバンズの戦い（一四六一年）で戦死し、二人の息子を抱えて難儀しているところを五つほど年下のエドワード4世と知り合った。二人は急速に恋に落ち、一四六四年五月にノーサンプトンシャーの片田舎の教会で極秘に婚礼を挙げていた。母親がベドフォード公爵の寡婦であったとはいえ、ウッドヴィル家は王の親族になるには程遠い格式しか備えていなかった。やがてこの結婚が知れ渡ると焦りだしたのが「国王製造人《キング・メーカー》」と言われたウォーリック伯爵であった。

すでに長女イサベルを王弟クラレンス公爵に嫁がせていたウォーリック伯爵は、国王が側近をウッドヴィル家やグレイ（エリザベスの連れ子）の一族で固め始めると、クラレンス公爵を担ぎ出して王位簒奪《さんだつ》を狙った。しかし先に見たとおり、ブルゴーニュへの亡命から帰国したエドワード4世によりウォーリック伯爵は討たれてしまう。

エドワード4世は、一度は王位簒奪に荷担した次弟クラレンス公爵を牽制《けんせい》するために、（ヘンリ6世の皇太子エドワードの戦死で）寡婦となったアン（イサベルの妹）をさらに下の弟グロウスター公爵リチャードに嫁がせ、彼にウォーリック伯爵が遺した広大な所領を与えたのである。ランカスター家とは異なり、もともと莫大な富も所領も持たず、王族とはいえ日の当たらないところを歩んできたヨーク家は独自の私党を抱えてもいなかった。ここに悲劇が生まれる。

せっかく王朝を築きながらも兄弟仲は冷え込み、ついにクラレンス公爵は兄王への反逆罪に問われ、議会で告発された後にロンドン塔で処刑された（一四七八年二月）。一方、兄から北部に広大な土地を与えられたグロウスター公爵は、アンとの結婚でネヴィル一派（ウォーリック伯爵の係累）の頭領と目されるようになり、ここに一大勢力を築いていく。

だが、大男のエドワード4世は若い頃からの暴飲暴食が祟り、四〇歳になる頃には病に伏せるようになっていた。そして一四八三年四月に急死する。エドワード4世とエリザベスは一〇人の子宝に恵まれたが、ここに当時一二歳だった皇太子がエドワード5世（在位一四八三年四月～六月）として国王に即位する。

しかしエドワード4世の早すぎる死は、ネヴィル家（ウォーリック）とウッドヴィル家の対立を再燃させてしまった。少年王を支える護国卿に就任したグロウスター公爵リチャードと皇太后エリザベスとの対立が激しくなったのである。元来が「成り上がり者」のウッドヴィル家に対する反感や嫉妬《しっと》が渦巻いていたイングランド貴族社会のなかで、皇太后と幼い国王の立場は弱いものだった。

グロウスター公爵の即位

やがて卑劣な風聞が広められていく。「現国王エドワード5世も二歳年下の弟リチャードも、亡き国王エドワード4世の私生児である。貪欲《どんよく》な皇太后のエリザベスが権力を握るために嘘をついている」。

しかしこれは単なる風聞では済まされなかった。議会の有力者の多くも少年たちの王位継承権を疑問視し始め、ここに護国卿グロウスター公爵を新王に擁立する動きが現れたのだ。五月半ばにエドワード5世とリチャードの兄弟はロンドン塔へと幽閉された。この間にエドワード5世の戴冠式の準備は中止され、六月二六日には彼の正式な廃位が決まる。それと同時に、叔父のグロウスター公爵がリチャード3世（在位一四八三～八五年）として王位に即くこととなった。七月六日には、ウェストミンスター修道院で盛大な戴冠式も執り行われる。

世間から忘れ去られたかのように、ロンドン塔に押し込められた二人の少年は、その後、塔内の庭園で遊んでいる姿などが見られたが、一四八三年九月を最後に目撃証言は途絶えてしまった（「塔の中の王子たち《プリンスズ・イン・ザ・タワー》」という伝説も生まれた）。それから二〇〇年ほど経過した一六七四年に、ロンドン塔の地下室から少年とおぼしき二つの頭蓋骨が発見された。さらに二五〇年の時を隔てて、一九三三年にウェストミンスター修道院で遺体が発掘され、年齢的にもこの二人の少年ではないかと推察されている。

ついに王位を獲得したリチャード3世ではあったが、それまで手を結んでウッドヴィル家追い落としをともに進めてきたバッキンガム公爵（エドワード3世の六男トマスの子孫）と仲《なか》違《たが》いし、戴冠式のわずか三ヵ月後（一四八三年一〇月）にバッキンガム公爵は叛乱を起こす。

リチャード3世（在位1483～85）　大男の兄エドワード4世に比べれば背が低かったが，シェイクスピアが描くような「せむし」ではなかった．ただ一方の肩が他方より若干高かったようではある

叛乱はすぐさま鎮圧されたが、リチャード3世は自らに叛旗を翻す者たちを次々と追放し、場合によっては処刑した。これがまた諸侯に怨嗟《えんさ》の念を抱かせることになっていく。

他方で、リチャード3世は即位してすぐに家庭的な不幸にも見舞われた。アンと結婚したリチャード3世には、一四七六年に生まれたエドワードという一人息子がいた。父が国王になると、王子は七歳にしてウェールズ大公に叙され、将来を嘱望《しょくぼう》されていた。ところが、それから半年ほど後の一四八四年四月九日に急逝してしまったのである。奇《く》しくもそれはエドワード4世の一周忌の日でもあった。

父王の嘆きは大きかった。それから一年も経たない翌八五年三月に、今度は最愛の妃アンまで急死した。兄クラレンス公爵にエドワード（ウォーリック伯爵）という王子はいたものの、自らの血統で王家を継承していこうと考えていたリチャード3世としては、再婚して世継ぎを残さない限り、せっかく築き上げたヨーク王朝は断絶してしまう。一説では、リチャードは姪（エドワード4世の長女エリザベス）と結婚してヨーク家の正統な血筋を残そうとしていたとも言われる。これは噂にすぎなかったが、「近親婚」には諸侯の多くが反対だった。

ボズワースの戦い――ヨーク王朝滅亡

ヨーク朝の王権が動揺をきたしている隙に、フランス北西部のブルターニュに長年逃れ、リチャード3世が王位に即く直前にエドワード4世の長女エリザベスと秘かに婚約も整えていた、リッチモンド伯爵ヘンリ・テューダーが立ち上がった。彼は、バッキンガム公爵の叛乱が勃発すると、これに合流しようとイングランドへの侵攻を計画するが、嵐にあって上陸を断念していた。リッチモンド伯爵は、ヘンリ6世の異父弟エドマンドとランカスター公爵ジョン（エドワード3世の三男）の曽孫（サマセット公爵の娘）との間に生まれた、ランカスター家の分家筋の家柄であった。ランカスター王朝の再興を狙っていた彼は、フランス各地を転々としながらついに機会を捉えたのである。

一四八五年八月、ウェールズ南西部のミルフォード・ヘヴン近くにリッチモンド軍が上陸したとの知らせが届くと、リチャード３世は諸侯に援軍を要請した。決戦の舞台はイングランド中央部（レスターシャー）のボズワースとなった。

イングランド、ウェールズ、フランスなどの混成部隊八〇〇〇人ほどを率いてきたリッチモンド伯爵に対して、リチャード３世は一万二〇〇〇の精鋭でこれに応じた。しかし、ヨーク王朝成立以来の骨肉の争いも仇となってか、リチャード３世側の諸侯は次々と裏切っていく。それでも勇猛果敢に戦った国王は戦場で命を落とした。いばらの茂みに落ちていた彼の王冠をかたどった飾り付き《クレスト》の冑《かぶと》がこの日の勝利者リッチモンド伯爵に被せられ、ボズワースの戦い（八月二二日）は終わった。

英仏百年戦争がボルドー陥落（一四五三年）で終わりを告げ、そのわずか二年後にリチャード３世の父ヨーク公爵リチャードの野望に端を発して始まった「バラ戦争」も、三〇年の歳月を経てここに終結した。

ボズワースの戦いから二ヵ月後の一四八五年一〇月三〇日、リッチモンド伯爵ヘンリ・テューダーがウェストミンスター修道院で戴冠式を挙行した。テューダー王朝とヘンリ７世とが誕生した瞬間であった。

コラム6

リチャード3世の実像

「このおれは、生まれながら五体の美しい均整を奪われ、ペテン師の自然にだまされて寸詰まりのからだにされ、醜くゆがみ、できそこないのまま、未熟児として、生き生きと活動するこの世に送り出されたのだ。このおれが、不格好にびっこを引き引きそばを通るのを見かければ、犬も吠《ほ》えかかる」（『リチャード三世』小田島雄志訳）。

シェイクスピアはこの傑作の冒頭部分で主人公にこう語らせているが、実際のリチャードがこのような容姿であったという証拠はない。むしろ背も高く、屈強な体軀《たいく》に恵まれていたらしい。シェイクスピア（一五六四～一六一六）は彼が生まれ育った時代のテューダー王朝を賛美し、その正統性を強調するような歴史劇を数々著しており、王朝の開祖ヘンリ7世が打ち破ったリチャード3世も史上最悪の悪役に仕立てられてしまったようである。

実際のリチャードは、兄王エドワード4世からも絶大な信頼を寄せられ、劇中に見られるような兄クラレンス公爵、妻アン、二人の甥（エドワード5世と弟リチャード）を次々と殺害したという証拠はいっさいない。むしろ勤勉で公正な支配を進めたと言われている。

ボズワースの戦いに敗れたリチャード3世の遺体は、甲冑もすべて脱がされ、裸のまま荷馬の背中に乗せられて、戦場から一六マイル（二五キロ）ほど離れたレスターの町に運ばれ、

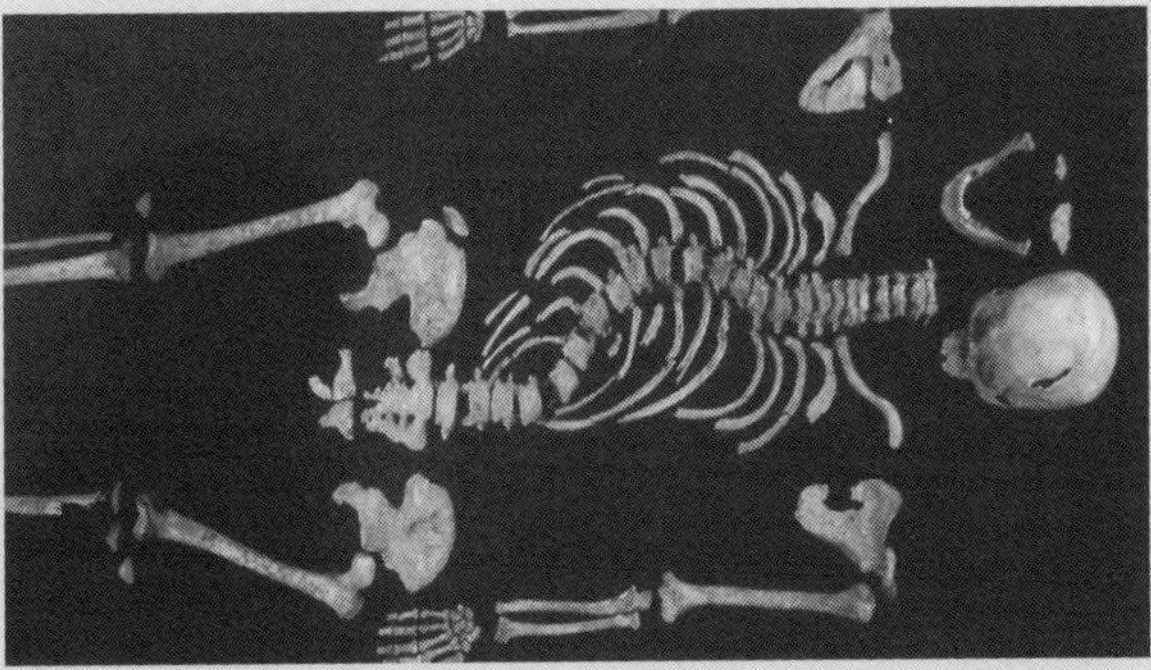

発掘されたリチャード3世　*Royalty*, vol.22-11

グレイフライアーズ修道院に埋葬された。しかし、一五三〇年代の修道院解散（第6章194頁）によって修道院は破壊され、リチャード3世の遺体は無惨にも掘り返され、近くのソー川に投げ捨てられたとされてきた。リチャード3世の再評価を目的に一九二四年に創設された「リチャード3世協会」により、修道院に隣接するレスター大聖堂に王の記念碑が建てられた。

　リチャードの死から五二七年の月日が流れた二〇一二年八月二五日、世紀の大発見がなされた。そのリチャード3世協会がレスター市議会やレスター大学考古学部の協力を得て、失われた遺体の発掘に乗り出していたのだが、レスター市内の駐車場を掘り進めていた調査隊が一体の人骨を見つけた。奇《く》しくもリチャードが修道院に埋葬された記念日のことだった。

　その後、遺体はダンディー大学に預けられ、DNA鑑定の結果、リチャード3世のものに間違いないと判断されたのである（二〇一三年二月）。彼らが頭蓋骨から復元した亡き王の面影は、強面《こわもて》の肖像画やシェイクスピアの戯曲とは異なり、ハンサムで穏和な表情に満ちあふれていた。

調査を終えた遺骸はレスター大聖堂に厳かに埋葬された。これを機に、リチャード3世の実像に迫る研究が今後も増えてくるかもしれない。

第6章　テューダー王朝と近代の夜明け——国家疲弊下の宗教対立

ヘンリ7世——最も有能な実務家

ボズワースの戦いでヨーク王家のリチャード3世に勝利したリッチモンド伯爵は、一四八五年一〇月にウェストミンスター修道院でヘンリ7世（在位一四八五～一五〇九年）として戴冠式を行い、一一月七日には最初の議会を開いた。

リチャード3世との戦いを制したとはいえ、彼は血統的には正統性に乏しく、リチャード3世の姪でエドワード4世の長女エリザベスや、同じくリチャード3世の甥でクラレンス公爵の長男エドワードのほうが血筋の上では王位に近かった。しかしヘンリは、ボズワースの戦いの直後にエドワードを抑えており、エリザベスは彼の婚約者であった。

この最初の議会でもヘンリ7世は自らの王位継承権について細部には立ち入らず、貴族院・庶民院双方からの承認を求め、両院ともに彼を正式な王と認めた。また、エリザベスとの結婚も公式に承認され、二人は一四八六年一月にウェストミンスター修道院で華燭《かしょく》の典を挙げた。当時王妃は身ごもっており（九月に生まれるアーサー）、彼女の戴冠式は翌八七年一一月にあらためて行われた。ここにランカスターの赤バラとヨークの白バラを組み合わせた「テューダー家のバラ《ローズ》」の紋所が誕生し、バラ戦争に終止符を打った。

第5章で見てきたランカスター王朝からヨーク王朝にかけての王家の骨肉の争いのせいで、イングランドの国王は「同輩の中の第一人者」にすぎず、脆弱な武力・財力・権威しか持ち合わせていなかった。それがまたネヴィル家のような「国王製造人《キング・メーカー》」もしくは「強すぎる家臣」の登場をもたらしていた。

ウェールズの小貴族の父が早くに他界し、生まれながらにしてリッチモンド伯爵になったとはいえ、父が亡くなった当時まだ一三歳だった母マーガレットとともに幼いヘンリは苦労してきた。その彼が大貴族たちをひれ伏させて「君臨し、統治もする」王になるためには、多少の荒療治が必要だった。

まずは自らの財力を確保することである。議会の承認で、これまでの王たちと同じく、羊毛輸出やワイン輸入などの関税権を手に入れ、臨時の収入として(やはり議会の承認を経てから)一〇分の一税などの直接税も課すことはできるようになった。また、国王即位とともに、ヘンリ7世はランカスター公爵家の広大な領地も継承し、エリザベスとの結婚によりヨーク家の財産も手に入れた。特に彼はランカスター公領の経営に力を注ぎ、側近の宮廷人となるサー・レイノルド・ブレイやサー・リチャード・エンプソンを公領総裁《チャンセラー》に任命し、治世末までには収入は三倍以上(四万ポンド)に膨らんだ。さらに彼が目を付けたのが国王位に伴う役得の数々であった。

歴史家のジョン・ガイに言わせれば「イングランド史上最も有能な実務家として国政を取り仕切った王」でもあったヘンリ7世は、王権強化と財政安定を同時に進められる施策を進めた。

まずは罰金制度の強化である。一〇〇ポンドから最大で一万ポンドに及ぶ種々の罰則・罰金を設けることで、主君に対する勝手な振る舞いを禁じ、臣下を国王のもとに糾合した。さらに中世以来国王が有してきた裁判権についても、ヘンリ7世の封建的諸権利を正当化するために判事を買収した。そしてきわめつきは官職の売買である。民事事件を扱う人民間訴訟裁判所《コート・オヴ・コモン・プリース》首席裁判官、国王の筆頭法律顧問である法務総裁《アトニー・ジェネラル》、控訴院の最上位裁判官である記録長官《マスター・オヴ・ザ・ロールズ》、そして庶民院議長の役職に至るまで高値で取引させるようになる。

王の財政に関しては王室家政部門の国王私室《プリヴィー・チェンバー》で管理され、ヘンリ7世は会計監査を事細かに行う王でもあった。

ヘンリ7世（在位1485～1509）　神聖ローマ皇帝マクシミリアン1世の娘マルガレーテと再婚するために描かせた肖像画. 望みはかなわずこの絵もロンドンに送り返されてきた

こうした施策のおかげで、治世当初は一万七〇〇〇ポンド程度であったヘンリ7世の年収が、亡くなる頃までには一一万ポンドを超えていたと言われる。

ヘンリ7世は「強すぎる家臣」の登場を抑えるためにも、貴族同士の結婚について厳しく制限した。また、自らの側近である大臣たちを集めた国王評議会《キングズ・カウンシル》の機能を強化し、一五三〇年代に「枢密院《プリヴィー・カウンシル》」として再編されるまで、ここが国内の治安、軍事防衛、外交問題、司法などについて協議する国政の中枢部となった。やがて構成員が増えたので、評議会のなかにさらに中核が設けられ、彼らはウェストミンスター宮殿の「星の間（天井に星が描かれている）」で会議を開催したことから、星室評議会《カウンシル・イン・スター・チェンバー》と呼ばれるようになる。議会が休会中には、星室評議会が国王・大臣・貴族の間を取り持った。ただしヘンリは財政問題については彼らに討議させず、あくまで自らの管理下に置いた。

また王権の強化を表象する存在として、ヘンリ7世によって創設されたのが国王護衛兵《ヨーマン・オヴ・ザ・ガード》である。彼らは常に国王のボディーガードとして仕え、二一世紀の現在でも議会開会式や王室の行事には欠かせない存在となっている。

弱小国化していたイングランド

このように、デーン王朝のカヌートやノルマン王朝のウィリアム1世とも比較できる、「征服」にも近い状態でヘンリ7世は王権を手に入れた。ただし即位直後のイングランドは、同名のヘンリ2世やヘンリ5世が築いた強国とは程遠い状態にあった。

百年戦争でフランスに敗れてからは、大陸に有する唯一の領土はドーヴァーの対岸カレーだけであった。エドワード1世の時代から「自国商品」として大量に送り込まれてきたボルドー・ワインもいまでは「外国商品」となっていた。ペストが流行する（一三四八年）まで、イングランドの人口は五〇〇万人弱であったが、一四世紀後半に半減し、その後も伝染病や戦乱の影響もあり、テューダー王朝が成立した頃には二〇〇万人強にまで落ち込んでいた。

産業の中心はいまだ農業で、職人たちの給与もあまり上がらず、生活水準はきわめて低かった。輸出品の大半を占めたのは相変わらず羊毛と、未完成の毛織物（完成できる技術がなかった）だった。これだけで輸出品の九割を占めていた。ブリテン島内外を巻き込んで三〇年も続いたバラ戦争のおかげで、農業・商業・工業のすべてが打撃を受けていたのだ。

いまや弱小国の王となったヘンリ7世が、その四半世紀に近い治世のすべてをかけて尽力したこと、それはイングランドの独立とテューダー王家の安泰を維持することである。

一五世紀末のヨーロッパ国際政治においては、神聖ローマ皇帝位を独占するようになっていたハプスブルク家と、百年戦争でイングランドを打ち破ったフランスのヴァロワ家が拮抗し合っていた。イングランドなど大国の狭間《はざま》で戦々恐々としながら独立を維持できればよかった。そのようなかで、ヘンリ7世が即位した当初には、バラ戦争で彼に遺恨を抱くヨーク家の残党が王位の奪還を狙う事件が相次ぐ。

特に、一四九一年に始まったパーキン・ウォーベックの叛乱は、エドワード4世の次男リチャードを名乗る青年を担ぎ出して、エドワード4世の妹でブルゴーニュ公爵未亡人マーガレットやその女婿で神聖ローマ皇帝マクシミリアン1世まで巻き込み、ヘンリ7世も無視し得ない状態が続いた。イングランドが輸出する羊毛・毛織物のお得意先であり、商人の多くがこの地の銀行家から融資を受け、イングランド経済にとっての生命線とも言えたアントワープが一時は、ブルゴーニュ公妃マーガレットの命によりイングランドに対して封鎖されたことさえあった。最終的には、ハプスブルク家とヴァロワ家の間でイタリア戦争（一四九四〜一五四四年）が始まり、ヘンリは九死に一生を得た。

ヘンリ7世の同盟戦略

この種の叛乱をすべて抑えられたヘンリ7世ではあったが、ヨーロッパ国際政治で生き残るためには同盟者が必要であった。そこで彼が目を付けたのが、ハプスブルク家とも血縁関係で結ばれた新生の大国スペインだった。スペイン王家の長女フアナはハプスブルク家の御曹司フィリップの妃だった。彼女の末妹カタリーナを自らの息子であり皇太子のアーサーに嫁がせるためヘンリ7世は奔走する。そして一五〇一年一一月、二人はロンドンのセント・ポール大聖堂で盛大な結婚式を執り行うことに成功。ところが翌年四月、二人にまだ子どもも生まれぬ前にアーサーは急死する。

父ヘンリ7世は落胆したがすぐに動いた。一六歳で未亡人となったキャサリン（カタリーナの英語名）を次男ヘンリの妻に迎えるのである。聖書の戒律では「兄嫁との結婚」は禁じられていたが、スペイン王家もローマ教皇庁も認めてくれた。まだ一一歳だったヘンリは成人とともにキャサリンと結婚することに決まる。

しかしこの時期はヘンリ7世にとって家族の不幸が続いた。アーサーの結婚の前年（一五〇〇年）には三男エドマンドが、アーサー死去の翌年（一五〇三年）には妃エリザベスが相次いで亡くなった。同じ年に長女マーガレットをスコットランド国王ジェームズ4世に嫁がせていたヘンリ7世は、新たに皇太子となったヘンリ王子にテューダー家の行く末を託すとともに、さらに世継ぎを残そうと自らの再婚も計画するが、こちらは失敗に終わった。特にヘンリ7世がその動向を注視していた神聖ローマ皇帝マクシミリアン1世には、晩年の三年間（一五〇六〜〇九年）に三〇万ポンドを超える巨額の「貢ぎ物」を贈り、テューダー家の安泰を願った。

ヘンリ7世は一五〇九年四月に亡くなった。同時に皇太子がヘンリ8世として即位することも宣言された。六月に新王はキャサリンと正式に結婚し、亡父が根回しをしておいてくれたおかげで、義父であるスペイン国王フェルナンド2世とともにマクシミリアン1世もこの若きイングランド国王を公式に認めたのである。ヘンリ7世は、こうしてイングランドの独立とテューダー家の安泰を維持して亡くなった。彼の治世では国王自身の権威が高まると同時に、王の側近たる宮廷人の力も高まり、それは次代にも受け継がれていく。

「ルネサンス王」ヘンリ8世の登場

一七歳の若き国王ヘンリ8世（在位一五〇九～四七年）は、堅実な父を尊敬はしていたが、自国と王朝を守ることにのみ汲々《きゅうきゅう》としていた父とは異なり、ダビデやソロモンの古代イスラエル王国やコンスタンティヌス大帝のローマ帝国を理想とする「国王にして皇帝」たる君主像を思い描いていた。それがフランス王位を再び要求し、ローマ教皇庁と袂を分かち、「名誉」を重んずることが貴族文化の礎《いしずえ》と信じるのちの彼の姿に反映されていく。それはまた彼が生きたルネサンス時代の発想と合致した。狩猟、舞踊、恋愛、音楽を好み、最新の天体観測を楽しむその姿は、まさに「ルネサンス王」そのものであった。

しかし皮肉なことに、崇敬するヘンリ5世以来とのちに言われた、大がかりなフランス遠征まで行った野心家の王は、亡父と同じく、弱小国イングランドの独立を守り、テューダー王家を引き継いでいくことしかできなかった。

美男子で強靭《きょうじん》な体軀《たいく》にも恵まれた青年王は、即位の四年後（一五一三年）に義父フェルナンド2世や皇帝マクシミリアン1世らと待望のフランス遠征に乗り出した。一定の戦果は挙げられたものの、戦争の「引き際」を心得ていなかった彼は、古強者《ふるつわもの》の二人が和平を結んで引き揚げた後もフランスに居座り、慌ててフランス国王と講和を結ぶという一幕もあった。

ヘンリ8世がヨーロッパ国際政治の厳しい現実を初めて垣間見たときであったが、こののちも彼は弱肉強食の一六世紀の複雑な外交に翻弄されていく。

フランスから帰った翌年（一五一五年）、彼はある人物を国の最高官職である大法官《ロード・チャンセラー》（それまで王の秘書役にすぎなかった尚書部長官は一四〜一五世紀の間に現在の法務大臣の役職を担うようになる。以後この邦訳をあてる）に任命した。ヨーク大司教のトマス・ウルジーである。大法官に任じられた年には枢機卿《すうきけい》にも就任し、一五一八年からは教皇特使となり、イングランドを代表する聖職者にして外交官にのぼりつめた。

ヘンリ8世（在位1509～47）　ドイツ・ルネサンスの巨匠ホルバインに描かせた肖像画．ヘンリは美術鑑賞を好み，自ら楽器を奏で作曲も行うほど芸術愛好家の一面も持ち合わせていた

折しも一五一七年からマルティン・ルターによる宗教改革が始まり、ヨーロッパ中央部ではキリスト教世界が揺れていた。ヘンリ8世はルターの改革運動には反対であり、ウルジーを使ってヨーロッパ諸国の王侯に呼びかけた。いまはお互いに戦争をしているときではない。異教徒（オスマン帝国）と異端（ルター派）を粉砕するために一致団結するときであると。ここに二人の斡旋《あっせん》で一五一八年に主

要な王侯たちの間でロンドン条約が結ばれ、ヘンリ8世は「平和の調停者《ピース・メーカー》」として一躍ヨーロッパ全体から脚光を浴びたかに思われた。

しかし早くも翌年には厳しい現実が待ちかまえていた。皇帝マクシミリアン1世の死によって神聖ローマ皇帝選挙が行われることになった。ここで前年ロンドン条約に調印したスペイン国王カルロス1世とフランス国王フランソワ1世がともに出馬し、壮絶な選挙の結果、カルロスがカール5世として皇帝に即位することとなったのだ。ヘンリが結ばせた「平和」など一夜で消し飛んでしまった。こののちヘンリ8世は、カール5世とフランソワ1世との間を右往左往しながら、イングランドの独立を維持するだけで精一杯となっていく。

離婚問題からの宗教改革議会

カール5世とフランソワ1世の対立が表面化していくなかで、当初ヘンリ8世はカール5世の側についていた。カール5世の叔母がほかならぬ王妃キャサリンだったのだ。ところがこの状況にも変化がおとずれた。結婚の翌年からキャサリンは四回も出産したが、いずれも死産や流産であった。ようやく元気な赤ん坊が生まれたのは一五一六年のこと。しかし女の子（メアリ）であった。イングランドの法では女子でも王に即《つ》くことはできる。とはいえ、テューダー王朝が成立したのは三〇年前にすぎず、君主自身が戦場に駆けつける時代にあっては、「女王」はまだイングランドにふさわしくないように思えた。またこれより四〇〇年

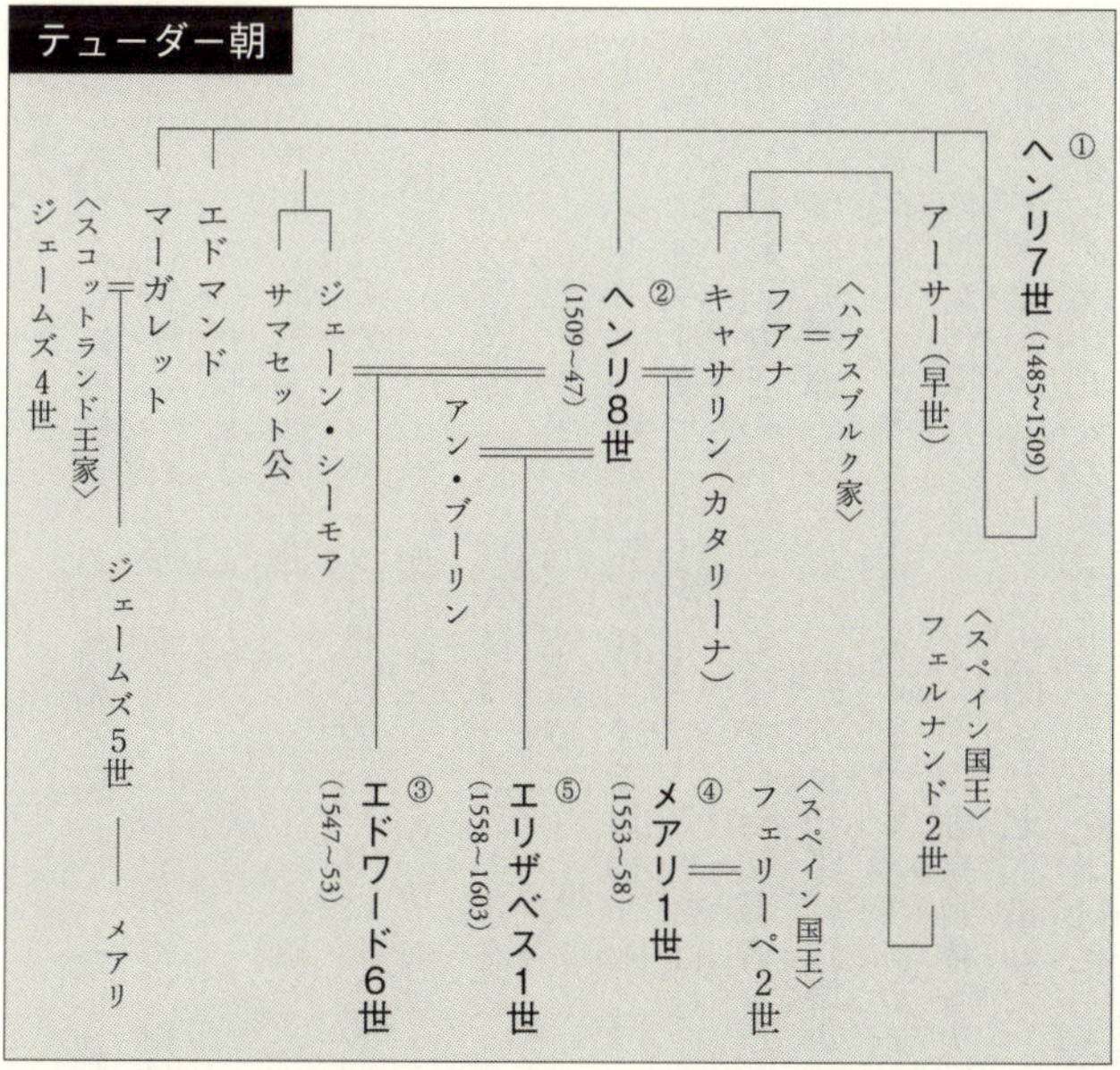

前にはスティーヴンと皇妃マティルダの抗争（第2章）もあった。

一五二〇年にはすでにキャサリンの侍女アン・ブーリンと密接な関係にあったヘンリ8世は、その後もキャサリンに男子が生まれず、彼女が四〇歳を過ぎた頃（一五二六年）には、ついに「離婚」に向けて動き出すのである。一五二七年五月、ヘンリは教皇クレメンス7世にキャサリンとの結婚の無効を願い出た。四半世紀前に父がテューダー家の安泰を願って「兄嫁との結婚」に関わる特別赦免を得ていたのに、今度は息子がそれとまったく同じ理由から赦免の取り消しを要請したのである。弱小国イングランドの立場に変わりはなかったのだ。

ところがここに横槍が入る。離婚を望んでいない叔母を慮《おもんぱか》ったカール5世である。折しもローマを占領中だった皇帝は教皇に圧力をかけて離婚を阻止する。さらに教皇は、ヘンリ8世をローマに召喚しようとした。

この時期、離婚交渉で失敗したウルジーは失脚し(一五二九年一〇月)、キャサリンとの離婚を合法化するため、ヘンリ8世は翌一一月に議会を召集した。こののち一五三六年四月まで断続的に開かれた「宗教改革議会」である。当時は貴族院は一〇〇名ほど(聖職貴族と世俗貴族が五〇名程度ずつ)、庶民院は一五五の選挙区(州選挙区が三七、都市選挙区が一一八)から選ばれた三一〇名の議員で構成されていた。

実はヘンリ8世の離婚問題が浮上する以前から、イングランドでは聖職者の腐敗や堕落ぶりが広く批判の対象とされてきていた。ミサを行わない司祭、金儲《もう》けに勤《いそ》しむ神父、挙げ句の果てには料理女との間に子どもまでいた聖職者も現れた。教権主義に対する反発やこれら聖職者の腐敗を糾弾する文書は、一五世紀半ば以降の印刷技術の急速な発展によって、ヨーロッパ大陸でもイングランドでもパンフレットのかたちで一般に広まっていた。

また一四世紀以降は、イングランドの教会自体も大陸とは異なる独自色を帯びるようになっていた。教皇がアビニョンに幽閉され七代にわたってフランス人が教皇を占めていたのに対し、イングランド人の教皇など一二世紀半ばに一人(第一六九代のハドリアヌス4世)いただけである。イングランドを訪れた教皇さえ一人もいなかった（初めての訪英は一九八二年のこと）。ヘンリ8世に先立つこと一世紀前、彼が尊敬してやまない武人王ヘンリ5世はすでに修道院改革に着手しようとして聖職議会から反発に遭い頓挫《とんざ》していた。そのヘンリ5世は、国王こそがイングランド国内の教会の首長であるとの強い自負心を抱いていた。これにヘンリ8世が影響を受けないはずもなかった。

教皇からの破門——イングランド国教会の成立

一五三〇年に聖職議会に対して、ヘンリ8世は国王をイングランドの教会と聖職者の「最高の首長《シュープリーム・ヘッド》」と認めさせた。さらに一五三二年からヘンリ8世の代わりに教会との交渉に当たったのが、かつてウルジーの秘書を務めたトマス・クロムウェル（一五三四年からは国王秘書長官）である。

この年の暮れには国王の愛人アンの懐妊が判明した。離婚を急がないとアンの子は私生児で終わってしまう。翌三三年一月にヘンリ8世はアンと秘密結婚し、三月には上訴禁止法が制定された。この法によってイングランドの法廷を飛び越えた教皇への直訴は禁止され、イングランドは古来から「帝国《エンパイア》」であり、いかなる外国勢力からも侵犯されないと記された。先に述べたヘンリ8世の帝国理念がここにも現れており、彼はイングランド史上初めて自らを公式文書で「陛下《マジェスティ》」と表記させた国王となった。

一五三三年四月に、カンタベリー大司教トマス・クランマーによりヘンリ8世とキャサリンの結婚は無効とされ、六月にアンが王妃として戴冠した。同じ頃教皇はヘンリ8世を破門した。九月に待望の赤ん坊が生まれたが、ヘンリの期待に添わず女の子（エリザベス）だった。しかし翌三四年三月の王位継承法では、アンとの子が正統な継承者として王位に即けると定められた。そして同年一一月、国王至上法が制定され、ここにローマ教皇庁と絶縁して、「イングランド国教会《チャーチ・オヴ・イングランド》」が新たに形成されるのである。

この一連の過程は、国王の絶対的な力ではなく、国王と議会との相談で成立した法によって実現した。これは国王が全能の立法機関としての議会と協働して進めた政策であった。国教会の成立で王の権威が増したのも事実であるが、それ以上に国政における議会の存在がより高まった瞬間でもあった。

国王とクロムウェルは次に修道院の解散にも踏み切った。イングランドとウェールズの土地の五分の二近くを有する巨大な領主でもあった大小合わせて五六〇もの修道院が三年（一五三六～三九年）の間に解散させられ、総計で一三万二〇〇〇ポンドの年間地代収入を生み出し、売り払った金銀の皿や装飾品も七万五〇〇〇ポンドに達した。

これらの三分の二の土地はのちに貴族・ジェントリ・大商人らに売り払われたが、「ノルマン征服」以来で最大の土地所有者の交代劇が見られた。それまで貴族院で発言力を誇っていた大修道院長たちの姿も消え、議会での聖職貴族（大主教二名・主教二四名に限定へ。なおイングランド国教会では「主教」と表記する）の力も衰退した。また、各教区に教区簿冊《パリッシュ・レジスター》も整備され、これで各教区（さらにイングランド全体）の人口も把握できるようになった。

「帝国」の拡張と王の死

イングランド宗教改革とも呼ばれる一連の政策に動揺する人々ももちろんいた。特に、北部では修道院解散に反対する暴動（恩寵の巡礼）も生じた。これらの動きを抑える一方、ヘンリ８世は一五三六年にはテューダー家のお膝元ウェールズに合同法を適用し、イングランドに吸収合併してしまう。そしてウェールズからもウェストミンスターの議会に二四人の議員が送り込まれることになった。

また父ヘンリ７世の時代に、ヨーク家の残党の温床となっていたためポイニングズ法（議会から立法権を奪った）を押しつけられたアイルランドは、イングランド国王が長年「卿《ロード》」として上級君主の位置にあったが、一五四一年からヘンリは「王《キング》」の称号に変え、ますますその「帝国」理念を表に出すようになっていた。

一方、肝心の男子の世継ぎであるが、一五三六年五月にアンを姦通《かんつう》罪などを理由に処刑し、その直後にヘンリ８世はジェーン・シーモアと結婚、翌三七年一〇月に待望の王子エドワードが誕生した。しかしジェーンはすぐに亡くなり、ヘンリ８世はその後もできるだけ世継ぎを残そうとさらに三度の結婚を繰り返したが、これ以上の子どもは生まれなかった。

ヘンリは生涯に六人の妻を娶《めと》ったが、そのうち二人は処刑され、二人は離縁された。それもこれもすべては弱小国イングランドを治めるテューダー家の安泰のためであった。

犠牲になったのは彼女たちだけではない。ウルジーの後任の大法官となった、ルネサンスを代表する文人で『ユートピア』の作者サー・トマス・モア（一五三五年に処刑）や、王とともに宗教改革を成し遂げたクロムウェル（一五四〇年に処刑）など、多くの犠牲者の上に築かれた政治体制であった。

その後もヨーロッパではカール5世とフランソワ1世の果たし合いに振り回され続けたヘンリ8世であったが、ブリテン島内部では着々と勢力を固めていた。一五四二年一二月に甥（姉の子）でスコットランド国王ジェームズ5世が急死すると、後を継いだのはまだ生後一週間という王女メアリであった。ヘンリ8世はメアリを皇太子エドワードの妻に迎え、あわよくばスコットランド自体を乗っ取ろうとしたが、一五四四年に実行したスコットランドへの遠征計画は杜撰《ずさん》であり、フランスによる介入もあり大失敗に終わった。

かつては筋骨隆々でスポーツマンだった国王も、長年の暴飲暴食が祟って、四〇歳を過ぎた頃から体重一〇〇キロを超す巨漢となっていた。身体のあちこちに障害が出て、梅毒まで患っているとの噂（近年の研究では否定する者もいる）も飛び交ったが、ついに一五四七年一月に五五年の生涯を閉じた。あまりに自己中心的で強烈な個性を放った国王ではあったが、豪放磊落《ごうほうらいらく》な性格はまさに奔放なルネサンスの時代精神に合っていたのかもしれない。訃報を聞いた民衆は王の死を悲しみ、イングランド中の教会で追悼礼拝が営まれた。王の亡骸《なきがら》はウィンザー城に運ばれ、セント・ジョージ・チャペルに厳かに埋葬された。

少年王のはかない治世

晩年のヘンリ8世は、フランス遠征に旅立つ直前（一五四四年）、新たな王位継承法を定めていた。この法によって九歳の皇太子エドワード（次いで長女メアリ、次女エリザベスの順）がエドワード6世（在位一五四七～五三年）として即位することに決まっていた。ヘンリ8世が亡くなるとすぐに動いたのが新王の伯父（母ジェーンの兄）ハートフォード伯爵である。ヘンリ8世の死は三日間伏せられ、その間にハートフォード伯爵はエドワードの身とヘンリ8世の隠し財産が安全なことを確認し、ヘンリ8世から後事を託された枢密院が王の遺言を発表した。

遺言によれば、エドワードが成人（一八歳）に達するまでは摂政評議会（一六人構成）が執務を代行し、特に代表は設けられていなかった。しかし素早く動いたハートフォード伯爵は甥の少年王から護国卿に任命されると同時にサマセット公爵の爵位も授けられ、事実上の摂政の立場に就いた。とはいえ強力な君主の後ろ盾を欠いていたサマセット公爵は、大貴族や枢密顧問官たちからは新体制移行期の行政的代理人としかみなされず、分をわきまえていたサマセット公爵もまた諸事全般にわたって摂政評議会に相談して政策を進めた。ただし評議会を開くのはロンドンのストランドにある自らの邸宅（サマセット・ハウス）に定めた。亡きヘンリ8世はホワイトホール宮殿などの「宮殿」で枢密顧問会議を開いたが、サマセット公爵は自宅をそれに相当する摂政公邸のような存在にしたかったのかもしれない。

　そのサマセット公爵が真っ先に取り組んだのが、先王が失敗したスコットランド併合である。新王と五つ年下のメアリ女王との結婚をスコットランドに強引に迫ったが、もちろん今回も拒否された。そこですぐさま軍事力に訴え、一五四七年九月のピンキーの戦いで勝利をつかんだものの、「古き同盟」で結ばれたフランスが救援に駆けつけてきた。翌四八年六月にフランス軍によりメアリ女王はパリへと連れ去られ、彼女は皇太子フランソワと婚約してしまう。

エドワード6世

「九日間」の女王

　他方でピンキーでの勝利の後、一五四七年一一月にエドワード6世治世最初の議会が開かれた。サマセット公爵によるプロテスタント化政策が進められ、二年後にはカンタベリー大主教クランマーが作成した「共通祈禱書」のみの使用を規定し、礼拝も英語によるものとした。これに対してイングランド西部の民衆が叛乱を起こし（一五四九年）、一連の失策の責任を取ってサマセット公爵は失脚し、三年後に処刑されてしまう。

その後は、西部叛乱を鎮圧し、サマセット公爵を失脚に追い込んだ政敵のウォーリック伯爵が登場する。彼は護国卿には就任せず、枢密院議長として実権を掌握した。この頃までには、ヘンリ8世治世末期からのスコットランドやフランスをめぐる失策が続き、イングランドの財政は悪化していた。一時は貨幣の悪鋳で凌ごうとしたが、「悪貨は良貨を駆逐する」で有名なトマス・グレシャムの進言を受け入れ、ノーサンバランド公爵（一五五一年にウォーリック伯爵が陞爵《しょうしゃく》）は通貨の品質改善や財政機構の改革に着手した。

また、ノーサンバランド公爵はカトリック勢力からの脅威に備え、イングランド国教会のプロテスタント化をさらに推し進めた。熾烈《しれつ》な宗教戦争が続くヨーロッパ大陸からは、エドワード6世期のイングランドにプロテスタント信徒が数多く亡命するようになっていた。こうしたなかで、ノーサンバランド公爵にとって唯一の気がかりがエドワード6世の後継問題であった。

幼少時から身体の弱かった王は一五五三年に入ると肺結核に罹り、余命幾ばくもない状態となった。王位継承法によれば、次は姉のメアリが継ぐことになるが、彼女は熱心なカトリック信徒でありイングランド国教会の解体も考えられた。そこでノーサンバランド公爵はヘンリ8世の妹メアリの孫にあたるレディ・ジェーン・グレイを担ぎ出し、五月には自身の長男と結婚させ、王位簒奪を試みる。

七月六日にエドワード6世は一五年の短い生涯を終えた。少年王はこの時代には珍しく日記を残した王であり、知性に富み、優れた君主になる可能性も秘めていた。ノーサンバランド公爵は死の床にある王に強引に迫りジェーンを後継者に指名させ、枢密院の了承を得て、七月一〇日に女王即位を宣言した。彼女はエドワード6世と同い年の一五歳であった。しかし、ノーフォーク公爵らのカトリック勢力に守られて進軍したメアリの前に有力者は次々とジェーンから離反し、わずか九日間の女王であった。彼女はロンドン塔で処刑され、義父ノーサンバランド公爵も同じ運命をたどった。

「血まみれメアリ」の登場

ヘンリ8世が六人の妻たちとの結婚と引き替えに得られた男子継承者、エドワード6世の治世は六年ではかなく終結した。ここにテューダー王朝四代目の君主に正式に即位した（歴史上「ジェーン」は王に数えない）のは、イングランド史上初めての女王でもあった、メアリ1世（在位一五五三〜五八年）である。

ヘンリとキャサリンの間に生まれた子のなかで唯一元気に育ち、王女としてもてはやされたが、一七歳で両親は離婚し、二〇歳で愛する母と死に別れ、一時は「私生児」の扱いを受け、人生の辛酸をなめ尽くしたメアリもすでに三七歳となっていた。

彼女の人生を支えてきたものがまさにカトリック信仰であった。女王メアリの最大の課題がイングランドをカトリックへ回帰させることだったのもうなずけよう。しかし女王は焦らなかった。すぐに強圧策には出ずに、プロテスタントの有力者は暗黙裏に国外への亡命を許された。

即位の三ヵ月後（一五五三年一〇月）、メアリは初めて議会を召集し、エドワード期に成立した宗教関連法をすべて撤廃する「廃棄法」がまずは承認された。次いで議会と枢密院から女王に結婚が促され、彼女が選んだ相手は従兄である皇帝カール5世の長男フェリーペ（スペイン皇太子）だった。大陸での抗争に巻き込まれるのを恐れた人々からは反対意見も出されたが、一二月にフェリーペが英王位を継承しない条件で協定が結ばれ、翌年四月に議会で批准された。七月にはウィンチェスターの大聖堂で華燭《かしょく》の典は挙げられた。

メアリ1世（在位1553～58）　少女時代からの不幸な生活もあり，頑迷で心も狭かったと言われる．唯一心を開いたのが夫のフェリーペだったが，晩年にはその彼からも見放された

この頃までには議員たちの多くが女王に迎合的な態度を示すようになっていた。彼らはテューダー王朝による修道院解散

のおかげで土地財産を手に入れられたので、それが保障される限りは王権にすり寄っていたのだ。

カトリックへの復帰宣言

一五五四年一一月、大陸に逃れていた女王の従兄レジナルド・プール枢機卿（母がエドワード4世の弟クラレンス公爵の娘）が教皇特使として帰国した。女王に召集された議会では、貴族院・庶民院の両院議員が枢機卿の前に跪《ひざまず》き、ガードナー大法官（ウィンチェスター主教）により謝罪文が読み上げられ、ローマ教皇庁への服従が誓われた。ここに議会はカトリックへの復帰を宣言し、ヘンリ8世時代に成立した上訴禁止法などがすべて撤廃された。ただし、没収された修道院領の回収や、亡命中のプロテスタント信徒の土地財産差し押さえには議員らも反対し、女王もこれに同意した。

その見返りは異端処罰法の復活であった。翌一五五五年二月からの三年九ヵ月の間に、メアリは三〇〇人近くを火あぶりにし、さらに多くの者たちを獄中死に追い込んだ。宗教改革の推進者クランマー大主教らの処刑は、それまでカトリック寄りとして迫害されてきたガードナー大法官による政治的復讐の意味合いもあったが、主要人物の多くは大陸に亡命しており、火刑に処せられた多くは一般の庶民であった。しかも処刑場はロンドンや南東部イングランドに集中しており、これだけの短期間で刑が執行されたため、人々に与えた恐怖は大きかった。

当時のイングランド経済はどん底で、穀物の不作や深刻な食糧難で飢餓状態が蔓延《まんえん》していた。一五五六年にはインフルエンザが猛威を振るい二〇万人以上が命を落としていた。民衆が貧困にあえぐなかで、復活したカトリックはこれ見よがしに仰々《ぎょうぎょう》しい儀式を執り行った。議会開会式前のミサに始まり、一五五五年四月に女王の夫フェリーペの祖母であるファナ元女王が死去したときにはセント・ポール大聖堂で大々的な追悼ミサが営まれ、各国の要人が一堂に会した。それはヘンリ８世の葬儀をも凌ぐ豪華さであった。女王はいつしか民衆たちから「血まみれ《ブラッディー》メアリ」と呼ばれるようになっていた。

スペイン王への反発とメアリへの憎悪

さらにイングランド民衆が女王に怒りを感じたのが夫フェリーペの存在であった。彼はメアリとの結婚と同時に、イングランドの共同統治者として「王」に即いた。結婚の前夜、花婿の父カール５世は息子の格付けがメアリより下にならないよう、彼をナポリ及びイェルサレム王にも叙していた。こののち彼はイングランド及びアイルランド王となり（ただし戴冠式は行わず）、一五五四年一一月の議会開会式には妻とともに入場した。翌五五年一月に議会が解散されるまで二一の法が制定されたが、公式文書ではすべて「フィリップ（フェリーペの英語名）及びメアリ」と記され、フェリーペが格上とされたのである。

フェリーペはかたちの上だけでの王ではなかった。結婚の二日後には、枢密院は今後の会議をラテン語かスペイン語で行う検討を始めた。国政のすべては玉璽尚書のベドフォード伯爵がフェリーペの諮問に応じた。イングランド王になってからの一年余（一五五四年七月～五五年八月）フェリーペの滞在は続いたが、五五年八月にイングランドを離れるとき、彼はハプスブルク式の「国務評議会《カウンシル・オヴ・ステイト》」を設置し、留守中は評議会から週に三回は報告書が送付された。フェリーペはこの報告書をもとに、立法、恩顧関係《パトロネージ》、官職任免、大使任免、宗教問題、貨幣鋳造、社会経済問題、外国商人との諍《いさか》い、王国の防衛、亡命プロテスタント問題、アイルランド・スコットランドとの関係など、イングランドに関わるすべての問題に几帳面に関与し続けていたのである。

しかし父カール5世の引退（一五五六年）に伴い、フェリーペはスペイン国王となった。そればかりではない。ブルゴーニュ公領やイタリア南部、さらに曽祖母の時代から植民地となっていたラテンアメリカ帝国の盟主にまで納まっていた。かつてのヘンリ2世を凌ぐほどの領土を治めなければならなかったのだ。このためイングランドに滞在できたのは、これ以後は一五五七年の四ヵ月間（三月～七月）だけだった。しかもこのときフェリーペは、フランス（アンリ2世）との抗争にイングランドを巻き込んでしまった。六月にメアリ1世はフランスに宣戦布告し、フェリーペの「負け戦」に引きずり込まれた。翌五八年一月には、イングランドの大陸における最後の砦カレーがフランスに奪われることになる。

民衆の間では女王への憎悪が高まりを見せていたが、その頃メアリ１世は国中を襲ったインフルエンザに罹っていた。一五五八年一一月一七日、女王はセント・ジェームズ宮殿で息を引き取った。翌日には、カトリック回帰策のもう一人の立役者プール枢機卿（五六年からカンタベリー大司教）も同じ病で亡くなった。二人の死を嘆いたのはカトリック信徒だけであり、人々の心のなかでは国教会への復活が望まれるようになっていた。メアリ１世が即位する頃までに、国教会はイングランドの人々の信仰のなかに根ざしていた。少数派のカトリックが復権できたのはひとえにメアリ１世のおかげだったのだ。

エリザベス１世の登場――妖精女王《フェアリー・クイーン》と国教会の復活

イングランドや国教会・プロテスタント系の人々にとって幸いだったのは、フェリーペ（スペイン国王としてはフェリーペ２世）とメアリ１世の間に子どもが生まれなかったことである。これにより王位はヘンリ８世の嫡子のなかで最後に生き残ったエリザベス１世（在位一五五八～一六〇三年）に引き継がれた。

二五歳で美しいエリザベスは、一五五九年一月にウェストミンスター修道院で華やかに戴冠式を挙げた。陰鬱《いんうつ》な表情が多かった姉メアリ１世とは異なり、人々はこの若くて妖精のような女王の治世に期待した。しかしエリザベス１世は、表面的な華やかさとは裏腹に、メアリ以上の苦労人でもあった。まだ顔も覚えられない時期（二歳）に母は密通の罪を押しつけ

エリザベス１世（在位1558～1603）　生涯独身を貫いたが，レスター伯爵やエセックス伯爵，サー・ウォルター・ローリーなど，数々の美男たちと浮き名を流し，華やかな宮廷を築いた

られて処刑され、姉メアリにより一時はロンドン塔に収監され、死刑寸前の状態のなかでもあったのだ。

彼女が真っ先に取り組まなければならなかったのが、内乱寸前のイングランドの状況を改善することであった。まずはイングランド国教会の復活である。戴冠式直後の一五五九年二月、女王秘書長官でこののち四〇年にわたって彼女を補佐するウィリアム・セシルが、国王至上法と礼拝統一法を議会に提出した。貴族院の聖職貴族（カトリック）からの反発で一時は頓挫したが、司教二人が投獄され、聖職貴族の声を封殺することで、両法ともに通過した。こうして国教会がイングランドの信仰の中枢に復活し、君主はその「統治者《ガヴァナー》」とされた。メアリ1世時代に再登場したカトリックの司祭たち（二二五人）は職を追われた。国教会への改宗を拒んだ司祭のうち一二三人がその後処刑される。

これら一連の政策は当然のことながらバチカンを刺激した。フランス王妃となっていたスコットランド女王メアリは、「異端で私生児」のエリザベス1世ではなく、ヘンリ7世の曽《ひ》孫《まご》である自分こそがイングランド女王にふさわしいと喧伝した。しかし一五六〇年一二月にフランス国王の夫フランソワ2世が子を持つ前に急逝。翌六一年八月にスコットランドに帰国した彼女を待ち受けていたのは、プロテスタント（カルヴァン派）が政治を支配する現実であった。その後国内の貴族と結婚し、一五六六年六月に長男ジェームズを生んだメアリは、プロテスタント貴族らとの抗争に敗れ、六七年七月に廃位される。

一五六八年五月からスコットランド前女王メアリはイングランドへの亡命を許されたが、エリザベス1世はセシルらの進言を受け入れ、決して彼女に会うことはなかった。他方で、北部に所領を持つカトリック貴族たちがメアリに近づいてきた。彼らはメアリを王位に担ぎ出し、イングランドを再びカトリックに戻そうと叛乱を企てたが、事前に察知していたエリザベス1世によって鎮圧される（一五六九～七〇年）。こののちメアリは幽閉生活を余儀なくされたが、この動きに敏感に呼応したローマ教皇ピウス5世はエリザベス1世を破門し（一五七〇年）、カトリック勢力に彼女の暗殺を命じた。エリザベス1世とカトリック諸国の闘争がここに始まることになる。

処女女王《ヴァージン・クイーン》の外交政策——ちらつかせる結婚

エリザベス1世の行政を支える中核を担ったのは枢密院だった。顧問官の数も治世末期までには一四人に限定され、その大半の時期を筆頭顧問官として支えたのが、女王秘書長官のバーリー男爵（セシルが一五七一年に叙爵。なお七二年からは大蔵卿となる）であった。やがて彼の息子のロバート・セシルやフランシス・ウォルシンガムといった凄腕《すごうで》の行政官たちが、四四年に及ぶ長い治世となる彼女を補佐していくことになる。また、地方行政に関しては、州統監《ロード・レフテナント》の権限を強化し、行政だけではなく財政や司法の権限掌握にも努めた。

　側近たちは、テューダー王朝の安泰を図るためにも、エリザベスに早期の結婚を促した。しかし姉（メアリ一世）とスコットランド女王という「二人のメアリ」の末路を見る限り、彼女に結婚の意思はなかった。一五五九年の即位後すぐの議会で早くも彼女はこう宣言していた。「このような時世で君臨する女王は処女として死ぬのが運命である」。もちろん、若くて美しい彼女に恋人がいなかったわけではない。枢密顧問官の一人レスター伯爵とは恋仲であったが、実は彼に妻があり、その妻が死体で発見されるという事件が起き（一五六〇年）、これ以後女王の結婚問題は「国家の神秘《アルカナ・インペリー》」として枢密院でも審議できなかった。

　しかし抜け目のない女王は「結婚」を外交に利用した。弱小国イングランドが弱肉強食のヨーロッパ国際政治のなかで生き抜くためには、両ハプスブルク家（オーストリア・スペイン）とフランスのヴァロワ家の双方を天秤《てんびん》にかけながら、「結婚（同盟）」をちらつかせて強国を脅す以外になかった。姉が危篤状態になったときからすでに結婚を申し込んできたフェリーペ2世をはじめ、オーストリアのカール大公、フランスの王弟アンリ、スウェーデン国王のエーリク14世など、次々と彼女に求婚してきた。

無敵艦隊撃破と女王の「手紙」

やがて女王の高齢化で結婚が難しくなると、彼女が次に外交に利用したのが「宗教」である。当時は、スペインがネーデルラント独立戦争（一五六八～一六四八年）、フランスがユグノー戦争（一五六二～一六二九年）という宗教戦争に足をすくわれていた。エリザベス1世とバーリー男爵は双方のプロテスタント勢力に慎重に裏から資金や情報を提供し、戦争が長引いてくれることを望んだ。また新大陸から金銀財宝を本国へと運ぶスペイン船は、フランシス・ドレイクらの海賊に襲わせ、フェリーペ2世もこれには激高していた。

そのような矢先に、イングランド亡命中の前スコットランド女王メアリが度重なるエリザベス暗殺未遂事件に連座したかどで、枢密院の許可により処刑される（一五八七年二月）。翌八八年七月には、これに刺激されたフェリーペ2世がスペイン無敵艦隊《アルマダ》を英仏海峡へと差し向けた。無敵艦隊の来襲を前に女王は兵士たちにこう演説した。「私の肉体はか弱い女性のそれであるかもしれないが、私は王者の心根を持ち合わせている」。兵士らは歓呼で応じた。イングランド周辺海域での戦闘に慣れていなかった無敵艦隊は、イングランド側の戦術や大砲の多さ、アイルランド海での大嵐により惨敗を喫した。

しかしこの「アルマダの戦い」でイングランドが制海権を獲得したわけではない。この後もヨーロッパ各国との微妙な駆け引きは続いた。もともとギリシャ・ラテン語の素養に富み、フランス語やイタリア語も修得していたエリザベスは「手紙魔」の女王でもあった。宿敵フェリーペ2世やフランスのカトリーヌ皇太后（ド・メディシス）、一五八九年からフランス王家となるブルボン家のアンリ4世、さらに交易の関係からロシアのイワン4世（雷帝）やオスマン帝国のムラト3世など、ヨーロッパ中の王侯たちに自筆の手紙を送り、処女女王《ヴァージン・クイーン》は各国との友好を訴えたのである。

エリザベス1世がたびたび書簡を取り交わした相手には、スコットランド国王ジェームズ6世もいた。結婚を諦め、世継ぎを残さなかったエリザベス1世にとって、ヘンリ7世の玄孫《やしゃご》にしてプロテスタント信徒でもあったジェームズ6世は、いまや彼女がイングランド王位を委ねる後継者となっていたのである。

優柔不断——現実のエリザベス

エリザベス1世は儀式が大好きだった。治世も後半になると、金糸銀糸で縫い込まれた豪奢な衣装に宝石や真珠を数多く身につけ、大きめの赤毛のカツラを被り、顔に目一杯の白粉《おしろい》を塗りたくり、何かこの世の者ではない「永遠に年取ることのない栄光の身《グロリアーナ》」を自ら演出するようになった。エリザベスの治世はまさにバロック時代の幕開きでもあり、バロック最大の特色こそ「演劇性」であった。彼女はこれをイングランド議会政治に取り込んだ。父王ヘンリ8世がホワイトホール宮殿やセント・ジェームズ宮殿にその居を移しだしたとき（一五一二年）から、ウェストミンスター宮殿は事実上の議事堂になった。

エリザベスが四四年の治世の間に開いた議会は一〇会期に及び、それは一四五週間（二年一〇ヵ月）に相当する。このうち八回は議会の開会式が盛大に執り行われた。宮殿からウェストミンスター修道院（議会前に礼拝が行われる）まで、色とりどりの豪華な衣装に身を包んだ官職者や儀礼官が堂々たるスペクタクルを繰り広げた。その中心に鎮座ましましていたのが「グロリアーナ」たる女王であった。

しかしその威風堂々たる外見とは異なり、現実のエリザベスは優柔不断で逡巡《しゅんじゅん》ばかり繰り返し、いつも宮廷内で孤立していたという。北アメリカ植民地の探検家としても知られる晩年の愛人ウォルター・ローリーは「女王陛下の政策はいつも足して二で割るだ！」と愚痴をこぼしている。その彼女の相談相手となっていたのが、バーリー男爵を筆頭とする枢密院とともに、ウェストミンスターに建つ議会でもあった。テューダー王朝に入ってからも、王位継承や宗派の変更のすべてに議会への相談が見られた。議員たちもこれを特権と感じるようになっていた。

エリザベス1世時代の議会

エリザベスの時代には、貴族院には聖職貴族二六名（大主教二名＋主教二四名）と世俗貴族五〇名程度に加え、王座裁判所判事や法務総裁、記録長官など、法手続きに関する補佐役として法律家たちも列席するようになっていた。また庶民院議員の数も、選挙区の増加で四六二名になっていた。一五三四年の国王至上法の成立で、当選した庶民院議員は議場に入る際にイングランド国教会の流儀で「宣誓」を行う慣例ができあがった。これはメアリ1世時代に一時廃止されたが、エリザベス1世の登場で復活した。また貴族院と庶民院の双方を通過した法案が最後に「国王（女王）裁可《ロイヤル・アセント》」を経て法律になる慣例もこの時代に定着した。

庶民院議長は議会が終わると毎回女王のもとを訪れ、その日の審議内容について報告した。女王が提出させた法案に反対者がいる場合には、個別に宮殿に呼んで説得することもあった。そして女王がどうしても通したい法案がある場合には、自ら議会に赴いて演説した。

特に治世末期の女王は財政も逼迫《ひっぱく》し、議会に頼る場面が増えていた。「アルマダの戦い」に勝利したとはいえその後もフランスやオランダに遠征軍を派遣し、総額一〇〇万ポンドを超える支出が見られた。議会からの助成金（特別税《サブシディ》）だけでは足りず、借入金や王領地の売却などで何とか工面した。また一五九四～九七年には、一六世紀で最悪の凶作となり、栄養失調や飢餓が蔓延していた。それは議員である地主貴族たちにも打撃を与え、実際の年収より少なく申告して重税逃れをする議員さえいた。

そのようななかで一六〇一年に、女王は特許権をめぐり議会と敵対した。最終的に主要な特許権の廃止に同意した女王であったが、怒りの静まらない議会を宥《なだ》めるために女王は自らウェストミンスターの議事堂に赴き、次のように演説した。

「あなたがたはこの玉座に数多くのより強くより賢明な君主を迎えたかもしれませんし、これからも迎えるかもしれません。しかしこの私以上にあなたがたを愛する君主はこれまでもいなかったし、これからもいないことでしょう」。のちに女王の「黄金演説《ゴールデン・スピーチ》」と呼ばれるもので、それまで興奮していたすべての議員が彼女の手に口づけしてこの偉大なる女王にひれ伏したのである。

「グロリアーナ」の死

財政は年々悪化し、国中に貧民があふれかえっていた（このため一六〇一年には救貧法も制定された）ものの、エリザベス女王は民衆たちから愛された君主であった。ロンドンではクリストファー・マーロウやシェイクスピアの芝居がかかり、ウィリアム・バードやトマス・タリスなどイングランド・ルネサンスを代表する作曲家たちの音楽が流れた。彼女の何よりの功績は、メアリの時代に内乱寸前になりかけた国内の情勢を立て直し、ローマ教皇庁と完全に袂を分かった後もヨーロッパ国際政治のなかでイングランドの独立を維持し得たことだった。それはまた、テューダー王朝の開祖ヘンリ7世と父ヘンリ8世とが生涯をかけて成し遂げたことだった。

エリザベス1世は、一六〇三年三月二四日の午前三時少し前にリッチモンド宮殿（ロンドンの南方）で六九年の生涯を終えた。テューダー王朝で最も長生きし、最も長い在位を誇った。葬儀では黒いベルベットのヴェールがかけられた四頭の白馬に牽《ひ》かれた女王の棺を、さまざまな紋章旗を手にしたこの国の高官らが取り囲んでウェストミンスター修道院まで厳かに運んだ。それはまた、女王の死の後におとずれることになる、波瀾の一七世紀の幕開きを予感させるかのような不吉な儀式にも感じられた。

（以下、下巻）

主要参考文献は下巻に掲載

1569	カトリック貴族らにより北部叛乱開始（10月）．叛乱は翌70年２月に鎮圧され，直後にエリザベス１世は教皇庁により破門を宣告
1587	メアリ・ステュアート処刑（２月）．フランシス・ドレイクがカディスを襲撃（４月）
1588	スペイン無敵艦隊が襲来（７月：アルマダの戦い）：イングランド軍勝利
1600	イングランド東インド会社設立（～1858）
1601	救貧法制定
1603	エリザベス１世死去（３月）：テューダー王朝断絶．スコットランド国王ジェームズ６世がイングランド国王ジェームズ１世に即位（同君連合）

物語 イギリスの歴史（上）関連年表

1501	皇太子アーサーとスペイン王女キャサリン結婚（11月）．5ヵ月後にアーサーが急死し，長弟ヘンリとキャサリンとの結婚が教皇庁から承認
1509	ヘンリ8世即位（4月）．キャサリンと結婚（6月）
1517	マルティン・ルターの宗教改革始まる（10月）．ヘンリ8世はルター派を封じ込めるロンドン条約を王侯らと締結（1518年10月）
1527	ヘンリ8世がキャサリンとの離婚を教皇庁に申請（5月）．神聖ローマ皇帝カール5世（キャサリンの甥）により阻止
1529	ヘンリ8世が宗教改革議会を開催（～1536）
1533	ヘンリ8世がアン・ブーリンと極秘結婚（1月）．上訴禁止法制定（3月）．キャサリンとの離婚成立（4月）．アンとの間にエリザベス誕生（9月）
1534	国王至上法制定（11月）：イングランド国教会が成立
1536	アン処刑（5月）：ヘンリ8世がジェーン・シーモアと結婚．小修道院の解散．北部でカトリック教徒らが叛乱（「恩寵の巡礼」：10月）
1537	ヘンリ8世とジェーンとの間にエドワード誕生（10月）
1539	大修道院解散
1541	ヘンリ8世が「アイルランド国王」の称号をおびる
1544	ヘンリ8世がスコットランド侵攻（遠征は失敗へ）
1547	エドワード6世即位（1月）．伯父のサマセット公爵が護国卿に就任．スコットランドに侵攻し，ピンキーの戦いで勝利（9月）
1549	フランス＝スコットランド連合の前に敗北．西部の叛乱（6月）．サマセット公爵失脚（10月）．ウォーリック伯爵（1551年よりノーサンバランド公爵）が実権掌握へ
1553	エドワード6世死去．ノーサンバランド公爵によりジェーン・グレイが推戴されるが敗北（9日間の女王）．メアリ1世即位（7月）
1554	メアリ1世がスペイン皇太子フェリーペと結婚（7月）．イングランド国教会を廃し，カトリックを復活へ
1556	フェリーペがスペイン国王フェリーペ2世に：スペイン＝フランス戦争が勃発し，メアリ1世も対仏宣戦布告（1557年6月）
1558	カレー喪失（大陸の土地を完全に失う：1月）．メアリ1世死去．エリザベス1世即位（11月）
1559	国王至上法と礼拝統一法が議会を通過（4月）：イングランド国教会復活
1561	スコットランド女王メアリ（ステュアート）がフランスより帰国
1567	スコットランド女王メアリが貴族らと衝突し，廃位（7月）．ジェームズ6世が即位（～1625）．メアリは翌68年イングランドに亡命

1377 リチャード2世即位（6月）
1381 人頭税に反対するワット・タイラーの乱（5～6月）
1382 リチャード2世が親政開始. 寵臣政治に議会が反発
1399 リチャード2世廃位. ランカスター公爵ヘンリがヘンリ4世に即位（9月）：ランカスター王朝成立（～1471）
1413 ヘンリ5世即位（3月）
1415 ヘンリ5世がフランス遠征. アジンコートの戦いで大勝利（10月）
1420 トロワ条約締結（5月）. ヘンリのフランス王位継承権が承認され, ヘンリとフランス王女カトリーヌの結婚が決まる. 二人の間に皇太子ヘンリが誕生（1421年12月）
1422 ヘンリ6世即位（8月）. フランス国王シャルル6世の死により, アンリ2世としてフランス王位も継承（10月）
1429 シャルル7世がジャンヌ・ダルクに導かれ, ランス大聖堂で戴冠（7月）
1431 ジャンヌ・ダルクの焚刑（5月）. アンリ2世（ヘンリ6世）がパリのノートルダム大聖堂で戴冠（12月）
1453 ボルドーが陥落し（10月）, イングランドが在仏所領の大半を失う（英仏百年戦争の終結）. ヘンリ6世が精神疾患に陥る（8月）
1454 ヨーク公爵リチャードが護国卿に就任（3月）
1455 ランカスター派とヨーク派の抗争始まる：バラ戦争（～1485）
1460 ヨーク公爵リチャードが戦死（12月）：長男エドワードが継承
1461 ヨーク派がロンドン制圧. ヘンリ6世を廃し, エドワード4世推戴（3月）：第一次内乱の終結. ヨーク王朝開始（～1485）
1470 エドワード4世がネヴィル派によって放逐され, ブルゴーニュ公領に亡命. ヘンリ6世が復位（10月）
1471 エドワード4世が帰国し, ランカスター＝ネヴィル派を撃破：第二次内乱の終結. ヘンリ6世処刑（5月）. エドワード4世復位（～1483）
1478 王弟クラレンス公爵ジョージがエドワード4世との不和で処刑（2月）
1483 エドワード5世即位（4月）. 叔父のグロウスター公爵リチャードが護国卿に就任. エドワード5世廃位. リチャード3世即位（6月）. バッキンガム公爵が叛乱を起こし, 処刑（11月）
1485 ボズワースの戦いでリッチモンド伯爵ヘンリがリチャード3世軍に勝利. リチャード3世戦死. ヘンリ7世が国王に即位（8月）：テューダー王朝開始（～1603）
1486 ヘンリ7世とヨーク家のエリザベスが結婚（1月）
1491 パーキン・ウォーベックの叛乱（～1499）
1494 ポイニングズ法制定：アイルランド議会の権限縮小化

物語 イギリスの歴史（上）関連年表

1267 モンゴメリー協定により，サウェリン・アプ・グリフィズが「ウェールズ大公」としてヘンリ3世から認可（9月）
1272 エドワード1世即位（11月）
1282 エドワード1世がウェールズ遠征．サウェリン・アプ・グリフィズが戦死し，ウェールズ大公が空位に（～1283）
1284 エドワード1世が皇太子エドワードをウェールズ大公に任命（正式な叙任は1301年2月）．これ以後，イングランド（イギリス）の王位継承者第1位の男子が「ウェールズ大公」を帯びることに
1290 スコットランド女王マーガレットが急死し，王位継承問題が浮上
1292 エドワード1世の裁定により，ジョン・ベイリオルがスコットランド国王に即位（～1296）
1295 エドワード1世が聖俗諸侯，州・都市代表，聖職者会議からなる「模範議会」を召集（11月）．スコットランドとフランスが「古き同盟」関係を締結へ（～1560）
1296 イングランド・スコットランド戦争．「スクーンの石」がイングランド軍により持ち去られる（1996年にスコットランドに返還）
1297 ウィリアム・ウォレスがスコットランドで叛乱．スターリングの戦いでイングランド軍に勝利（9月）
1299 エドワード1世がモンルイユ条約でフランス国王と講和：皇太子エドワードとフランス王女イサベルの婚約成立
1306 ロバート・ブルースがスコットランド王位継承を宣言．エドワード1世がスコットランド遠征の途上で病死（1307年7月）
1307 エドワード2世即位（7月）
1314 バノックバーンの戦いでブルースがイングランド軍を撃破し，ロバート1世としてスコットランド国王に即位（1328年にイングランドも承認）
1327 エドワード2世が議会で廃位．皇太子がエドワード3世に即位（1月）．エドワード2世が秘かに処刑される（9月）
1330 エドワード3世が親政開始（10月）．この頃から議会が「貴族院」と「庶民院」の二院制に移行
1337 皇太子エドワード（黒太子）がコーンウォール公爵に叙される（イングランドで最初の公爵位）．フランス国王フィリップ6世がエドワード3世の在仏全所領の没収を宣言：英仏百年戦争の開始（～1453）
1356 ポワティエの戦いで黒太子が勝利（9月）
1360 ブレティニ＝カレー条約締結：エドワード3世がフランスの王位請求権を放棄する代わりに，アキテーヌ領有が承認（10月）
1376 エドワード3世が「善良議会」を開催（4～7月）．黒太子急死（6月）

物語 イギリスの歴史（上）関連年表

年	出来事
B.C.6世紀頃	ケルト系の部族が現在のグレート・ブリテン島で定住開始
B.C.55～54	カエサルのブリタニア遠征
A.D.122	「ハドリアヌスの長城」建設始まる（～132）
5～7世紀	アングロ・サクソン諸族のブリタニア侵入および征服
757	マーシアでオファ王が即位（～796）
871	ウェセックスでアルフレッド大王が即位（～899）
924	アゼルスタンが全イングランドの王として即位（～939）
973	エドガーがイングランド王としてバースで戴冠式を挙行
1016	カヌートがイングランド王に：デーン王朝開始（～1042）
1066	ウィリアム1世即位（10月）：ノルマン王朝開始（～1154）
1067	ウィリアム1世により叛乱地域が制圧：「ノルマン征服」（～1071）
1085	『ドゥームズデイ・ブック（土地台帳）』の作成（～1086）
1087	ウィリアム2世即位（9月）．兄ロベールとの抗争始まる
1100	ウィリアム2世狩猟中に事故死．ヘンリ1世即位（8月）
1106	ヘンリ1世が兄ロベールとの抗争を制し，ノルマンディ公国も継承
1135	スティーヴンが国王に即位（12月）：内乱へ（1135～53）
1154	ヘンリ2世即位（10月）：プランタジネット王朝開始（～1399）．「アンジュー帝国」の形成
1173	ヘンリ若王らが父ヘンリ2世に叛乱（内紛の時代の始まり）
1189	リチャード1世即位（7月）．第3回十字軍遠征に参加（～1194）
1192	リチャードがウィーン近郊で虜囚に（～1194）
1199	ジョンが国王に即位（4月）
1204	ノルマンディ，アンジューがフランス国王により失陥（～1205）
1205	ジョンとローマ教皇インノケンティウス3世とが叙任権闘争（～1213）
1215	諸侯がジョンに「マグナ・カルタ（大憲章）」提出（6月）
1216	ヘンリ3世即位（10月）．諸侯との内乱も終息へ（～1217）
1258	諸侯大会議が「オックスフォード条款」を作成（6月）
1259	パリ条約でヘンリ3世が北部フランスに有する領土の放棄を宣言（12月）：「アンジュー帝国」の消滅
1265	シモン・ド・モンフォールの議会（1月）

君塚直隆（きみづか・なおたか）

1967年東京都生まれ．立教大学文学部史学科卒業．英国オックスフォード大学セント・アントニーズ・コレッジ留学．上智大学大学院文学研究科史学専攻博士後期課程修了．博士（史学）．東京大学客員助教授，神奈川県立外語短期大学教授などを経て，現在，関東学院大学国際文化学部教授．専攻はイギリス政治外交史，ヨーロッパ国際政治史．

著書『イギリス二大政党制への道』（有斐閣，1998年）
『パクス・ブリタニカのイギリス外交』（有斐閣，2006年）
『女王陛下の影法師』（筑摩書房，2007年）
『ヴィクトリア女王』（中公新書，2007年）
『近代ヨーロッパ国際政治史』（有斐閣，2010年）
『チャールズ皇太子の地球環境戦略』（勁草書房，2013年）
『女王陛下のブルーリボン——英国勲章外交史』（中公文庫，2014年）
『立憲君主制の現在』（新潮選書，2018年，第40回サントリー学芸賞受賞）
『エリザベス女王』（中公新書，2020年）
『悪党たちの大英帝国』（新潮選書，2020年）

物語《ものがたり》 イギリスの歴史《れきし》（上）
中公新書 *2318*

2015年５月25日初版
2024年５月30日11版

著　者　君塚直隆
発行者　安部順一

本文印刷　三晃印刷
カバー印刷　大熊整美堂
製　　本　小泉製本

発行所　中央公論新社
〒100-8152
東京都千代田区大手町 1-7-1
電話　販売 03-5299-1730
　　　編集 03-5299-1830
URL https://www.chuko.co.jp/

Published by CHUOKORON-SHINSHA, INC.
Printed in Japan　ISBN978-4-12-102318-6 C1222